"十三五"普通高等教育应用型规划教材

证券投资实验教程

（第二版）

赵鹏程　主编

中国人民大学出版社

·北京·

出版说明

随着金融成为现代经济运行的核心，社会对金融教育和人才培养提出了更深的要求：分层培养人才。既要着力于培养研究型人才，又要培养大批应用型人才，这已是共识。许多非研究型院校师生反映，市场上现有的金融学教材大多重理论轻实践，重国际化轻中国化。根据这些院校的特点和培养目标，他们认为在教材内容上不仅要包含本领域的基本理论问题，让学生对于基本概念、基本原理有完整的掌握，同时还要包含本领域的基本实践问题，让学生掌握一定的实务操作方法，以应对未来工作的挑战。本着这一要求，由李小牧教授和李嘉珊教授牵头，中国人民大学出版社组织中国人民大学、西安交通大学、北京第二外国语学院、北京外国语大学、首都经贸大学、对外经济贸易大学、北京工商大学等若干所学校以及国家外汇管理局、保险公司、证券公司、商业银行等的专家，设计和推出了这套"'十三五'普通高等教育应用型规划教材·金融系列"。该套教材突出了以下三点：

第一，所列课程完全根据教育部"高等教育面向21世纪教学内容与课程体系改革规划"编写。

第二，根据应用型人才培养目标，教材强化了各项业务的操作规程和实践做法，通过对案例的分析和点评让学生对实务操作有一个真切的体验。

第三，压缩教材的篇幅，学生可以通过网络获取学习资料、练习题等相关内容，以减轻学生负担。

这里要说明的是，出于对应用型人才培养探索的要求，出版社并没有提出过分严格的要求，只是在教材的定位、篇幅、编写体例上提出了一些原则性建议，具体编写工作则实行主编负责制，由各位主编和作者全权处理各教材的编写工作，并对各自的内容负责。

教材的出版凝结了所有参编专家、教授的辛劳和智慧，在此一并表示感谢。

真诚地期待广大教师、学生和其他读者的批评和意见。

中国人民大学出版社

第二版前言

本书自 2014 年出版以来，深受广大读者的厚爱，许多大学和培训机构将其作为投资学的教材使用。近年来，随着经济金融形势和金融理论发生的变化，出现了一些新的经济金融现象和解决方法，涌现了一批新的投资学成果，在现实生活中也出现了一些新的金融产品和投资方法。为此，我们对本教材进行了修订。本书第二版在吸收了最新学术成果与分析方法后，客观反映了当前投资学的新变化，更好地适应了新时期高等学校财经类专业和其他领域对于投资学实验教学的需要。

本书的主要修正章节如下：第 1 章，增加了股票的种类和分析方法；第 3 章，增加了基础金融产品的种类和投资方法，如基金的种类和定投等；第三部分，增加了投资学的实验案例和学生的实验报告分析等内容。此外，本书还对其他章节进行了新的梳理。

本书在编写过程中得到了有关领导与教师的热心帮助，并参考借鉴了国内外一些专家学者的著述，在此一并致谢！

由于作者水平有限，书中难免有疏漏之处，望广大读者不吝指正。

编　者

关于本课程的说明

一、实验课程的性质

本课程是对证券投资实践要求较强的一门课，通过采用实务部门的现有系统进行实验教学，使学生加深对证券投资分析技能的理解，巩固课堂教学内容，初步掌握证券投资分析的主要方法和实际运用能力，并在此基础上强化学生的实践意识，提高其实际动手能力和创新能力，为后续课程的学习打下良好的基础。本书对证券实验的基础知识进行了说明，并以股票和期货为主进行实验设计。

二、实验课程的任务

随着证券市场在社会经济和人们生活中的地位越来越重要，证券投资分析也逐渐受到人们的重视。该学科的发展速度很快，已形成独立的行业，也成为证券领域各类人士和证券、金融类专业学生的必修课程。通过加强实验教学训练，使学生对证券投资分析中的基本分析法、技术分析法、学术分析法以及价格分析法有一个清晰的了解，并初步形成运用这些方法指导投资行为的能力。

三、实验课程的简介

课程名称：证券投资实验教程

适用范围：本科学生

课程性质：实验课程

学时数：32 学时或 48 学时

四、实验课程的目的

证券投资实验教程是为经济专业以及其他专业本科学生开设的专业基础选修课，本课程具有较强的实践性。本课程的主要任务是让学生有机会接触证券市场的真实运作，并在了解和掌握证券投资理论知识的基础上，将理论应用于实践，增强学生对于证券分析和资金管理的能力。

具体教学目标归结如下：

1. 掌握证券交易的基本原理与主要规则。
2. 掌握行情的阅读和投资机会的把握。
3. 能利用基本分析和技术分析对行情进行预测。
4. 提高学生的动手能力和实际操作能力。
5. 熟练使用证券分析软件系统。
6. 通过对风险和收益的判断，提高学生的投资盈利能力。

五、实验课程的要求

1. 课程安排上需要集中统一排课。
2. 学生要进入实验室学习。
3. 学生应按时完成实验的各个环节。
4. 学生应按教师要求，提交各个实验环节的实验报告。
5. 学生不得将实验内容拷贝带离实验室。

六、实验基本内容

实验 1　证券分析软件的介绍

实验 2　证券交易

实验 3　K 线和形态分析

实验 4　行情分析基础

实验 5　移动平均线（MA）的原理与分析

实验 6　技术指标分析

实验 7　综合分析

实验 8　期货综合实验

七、实验课时分配

序号	实验名称	实验学时	实验人数	实验属性	实验方式	实验要求
1	证券分析软件的介绍	3	总人数根据选课人数确定	验证性	演示、上机	提交实验报告
2	证券交易	4		模拟性	模拟操作	
3	K 线和形态分析	4				
4	行情分析基础	4				
5	移动平均线（MA）的原理与分析	4				
6	技术指标分析	4				
7	综合分析	4				
8	期货综合实验	5				
合计		32				

八、实验方式与基本要求

1. 学生实验前必须预习实验指导书，弄清实验目的、实验内容及步骤。

2. 由任课教师讲清实验的基本原理、方法及要求。

3. 每人每次一台计算机和相关的配套设备，每次均为 2 学时。

4. 要求学生掌握各实验所需知识、操作方法或步骤，记录实验中遇到的问题，并写出详细的实验报告。

5. 实验报告应根据课程性质要求学生在每次课后认真填写。

九、实验教学考核

1. 任课教师对每次每组实验结果进行检查和记录，并审阅每个学生的实验报告。

2. 任课教师根据实验完成情况对每个学生给出相应成绩，计入平时成绩。

（1）实验教学考核方式：各环节操作成绩加总。

(2) 考核评分标准和各部分内容所占比例。

证券分析软件的介绍、证券交易、K 线和形态分析、移动平均线(MA)的原理与分析、技术指标分析、综合分析、期货综合实验各 6 分。

评分标准主要看内容是否全面、准确及投资策略是否合理。

目　录

第一部分　证券投资实验基础知识

第二部分　证券投资实验基本方法

第三部分　证券投资实验指导

第一部分

证券投资实验基础知识

本部分介绍了证券投资实验教程涉及的基本概念和基础知识，主要内容包括股票、债券、基金等证券投资工具的基本概念，以及实务操作中用到的开立账户、买卖股票、除权、除息等基本知识和流程。通过本部分的学习，要求学生初步掌握证券操作涉及的基础知识、基本流程，为后面几个部分的学习打下良好的基础。

第1章 股　票

股票是指股份公司发行的、证明股东身份和权益、获取红利和股息的凭证。本书主要以A股为例来说明股票的基础知识和股票的交易流程，主要包括开立账户、股票买卖、竞价成交、股票结算与过户四个阶段。

第一节　基本操作说明

一、开立账户

开立账户是指开立证券账户。开户的流程可分为新股民（见图1-1）和老股民、个人户和企业户等。

1. 开立证券账户

投资者本人前往证券公司营业部，填写并提交申请表，缴纳开户费和出示证件，经审核确认合格的，投资者即可获得申请开立的证券账户，并得到相应的证券账户卡。

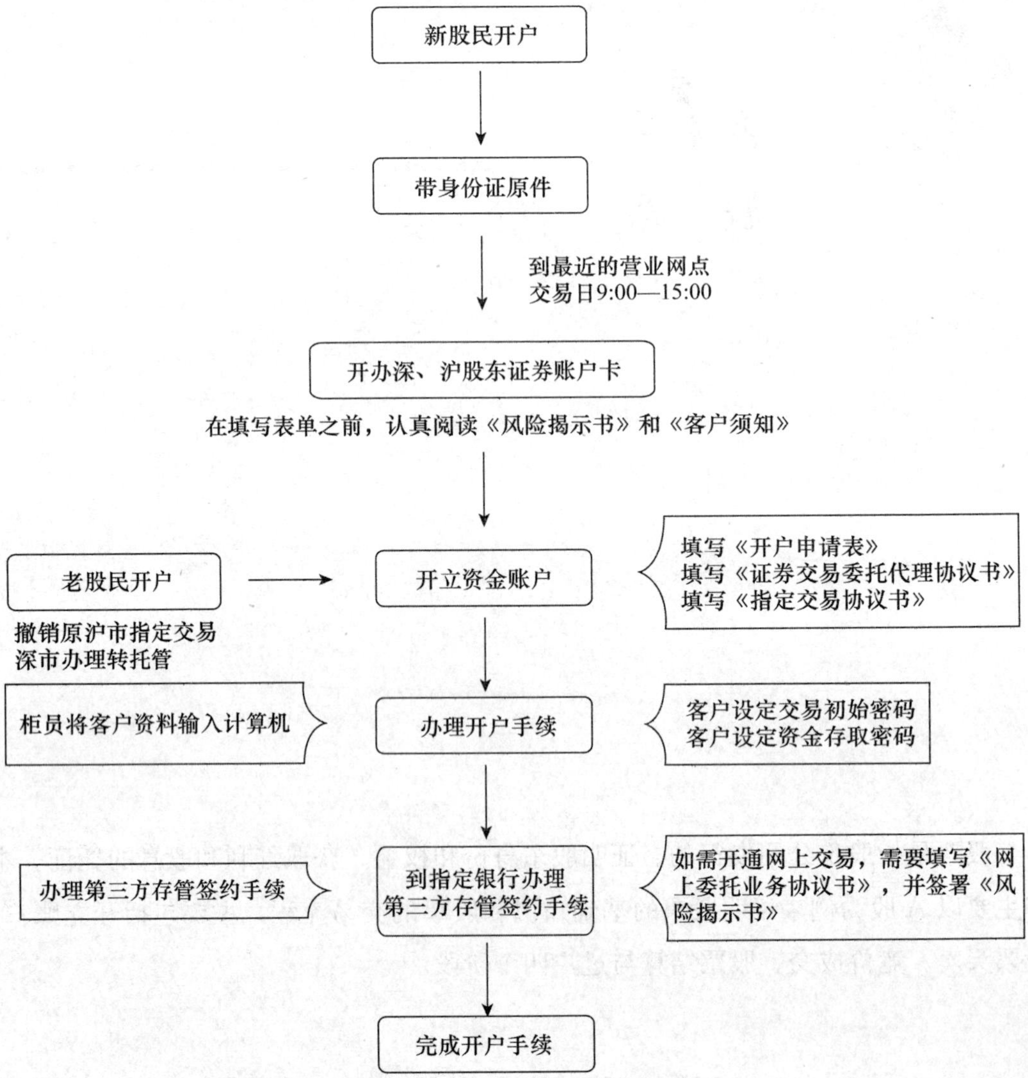

新股民开户

带身份证原件

到最近的营业网点
交易日9:00—15:00

开办深、沪股东证券账户卡

在填写表单之前，认真阅读《风险揭示书》和《客户须知》

老股民开户

撤销原沪市指定交易
深市办理转托管

开立资金账户

填写《开户申请表》
填写《证券交易委托代理协议书》
填写《指定交易协议书》

柜员将客户资料输入计算机

办理开户手续

客户设定交易初始密码
客户设定资金存取密码

办理第三方存管签约手续

到指定银行办理
第三方存管签约手续

如需开通网上交易，需要填写《网上委托业务协议书》，并签署《风险揭示书》

完成开户手续

图 1-1　开立证券账户的流程

2. 开立资金账户

投资者本人前往证券公司营业部，填写并提交开户文本，出示证件和证券账户卡，经审核确认合格后，为投资者开立资金账户，并为投资者办理上海证券账户的指定交易手续。

3. 办理 A 股资金第三方存管业务

第一步：投资者本人到证券公司营业部，填写并提交《客户交易结算资金第三方存管业务三方协议》，出示证件（本人身份证原件、本人的银行存折、证券账户卡），经审核确认合格后，为投资者办理第三方存管账户预指定手续。

第二步：投资者本人到预指定银行柜台，提交协议和出示证件（本人身份证原件、本人的银行存折、证券账户卡），经银行审核确认合格后，为投资者开通第三方存管业务。

4. 投资交易

投资者完成以上手续后，就可以通过交易系统（电话委托、网上委托）将资金从自己的银行存折转入自己的证券公司资金账户，并进行证券交易。

开户时需要提交的基本资料：①个人开户。开户时，股东本人带上第二代有效身份证原件即可。②机构开户。开户时需要准备的材料有营业执照副本原件（必须经过上一年度年检，若营业执照的任何内容有变更，必须出示工商局出具的变更证明）、组织机构代码证原件、法人身份证原件或复印件、税务登记证原件、被授权人身份证原件、公章、法人名章。

二、股票买卖

投资者在开设证券账户和资金账户后，就可以在证券营业部办理委托买卖。委托买卖是指证券经纪商接受投资者委托，代理投资者买卖证券，从中收取佣金的交易行为。

（一）委托指令

1. 委托指令的基本要素

（1）日期。

（2）时间。

（3）品种。

（4）数量。

（5）价格。

（6）有效期。

（7）投资者签名。

（8）其他内容。

2. 委托价格指令

（1）市价委托。市价委托是指投资者对委托券商成交的股票价格没有限制条件，只要求立即按当前的市价成交就可以。

（2）限价委托。限价委托规定了买者愿意买的最高价格或卖者愿意卖的最低价格。

(3) 停损限价委托。停损限价委托又称停止损失限价委托，是指投资者同时给出停损价格和限制价格，意在使既得利益得到保证或可能的损失得到限定的同时，使交易在限定价格或以上的水平进行。

(二) 委托形式

投资者发出委托指令的形式有柜台委托、电话委托、自助委托和网上委托等。

(1) 柜台委托，又称柜台递单委托，是指投资者到证券公司营业柜台填写书面买卖委托单，委托券商代理买卖股票的方式。

(2) 非柜台委托，包括电话委托、自助委托和网上委托。

(三) 委托受理

(1) 验证。

(2) 审单。

(3) 验资。

(四) 委托执行

1. 申报原则

证券经纪商接受投资者委托后应按时间优先的原则进行申报竞价，不得自行撮合成交。

2. 申报方式

申报方式有有形席位申报和无形席位申报。

三、竞价成交

我国的证券市场是竞价市场。证券交易的中心环节是竞价成交，特别是在高度组织化的证券交易所，会员经纪商代表众多的买方和卖方，按照一定的规则和程序公开竞价并达成交易。证券交易按价格优先原则和时间优先原则竞价成交。价格优先原则是指较高买进价格申报优先于较低买进价格申报成交，较低卖出价格申报优先于较高卖出价格申报成交。时间优先原则是指同价位申报依照申报时序决定优先成交顺序。

目前，证券交易一般采用两种竞价方式，即集合竞价和连续竞价。

(一) 集合竞价

交易所主机在每一营业日 9:15—9:25 期间接受集合竞价委托，在此期间，电

脑自动撮合系统只接收委托而不撮合。在 9:25 时，系统根据输入的所有买卖盘产生一个开盘参考价，继而将能够成交的委托以此参考价为成交价全部撮合成交。

集合竞价有效委托的确定：

(1) 有涨跌幅限制。

(2) 无涨跌幅限制。

涨跌幅限制是指证券交易所为了抑制过度投机行为，防止市场出现过分的暴涨暴跌，在每天的交易中规定当日的证券交易价格在前一个交易日收盘价的基础上上下波动的幅度。股票价格上升到该限制幅度的最高限价为涨停板，下跌至该限制幅度的最低限价为跌停板。

(二) 连续竞价

(1) 连续竞价时的申报方法。无论是买入还是卖出，按现行规定，股票（含 A 股、B 股）、基金类证券在一个交易日内的交易价格相对上一交易日收市价格的涨跌幅度不得超过 10%，ST 股票的涨跌幅度不得超过 5%，但新股在上市当日无此限制。国债连续竞价的价位为在前一笔成交价的基础上涨跌幅度不超过 10%。

(2) 连续竞价时，成交价格的决定原则为：①最高买进申报价格与最低卖出申报价格相同；②买入申报价格高于市场即时的最低卖出申报价格时，取即时提示的最低卖出申报价格（以下简称“卖价”）成交或部分成交；卖出申报价格低于市场即时的最高买入申报价格时，取即时提示的最高买入申报价格（以下简称“买价”）成交或部分成交。

(三) 竞价结果

竞价的结果有三种可能：全部成交、部分成交、不成交。

(四) 撤单的条件和程序

(1) 撤单的条件。

(2) 撤单的程序。

四、股票结算与过户

(一) 清算、交割和交收的含义

股票清算主要是指在每一营业日中对每个股票经营机构成交的股票数量与价款分别予以轧抵，对股票和资金的应收或应付净额进行计算的处理过程。在股票交易过程中，当买卖双方达成交易后应在事先约定的时间内履行合约，买方需要交付一

定款项获得所购股票，卖方需要交付一定股票获得相应价款，这一钱货两清的过程称为交割。资金的收付称为交收。股票的清算、交割和交收统称股票结算。

（二）股票结算

股票结算的方式包括逐笔交收和净额交收两种。

（1）逐笔交收，即对成交的股票及相应价款进行逐笔结算，主要是为了防止在股票风险特别大的情况下净额结算风险积累情况的发生。

（2）净额交收，即买卖双方在约定的交收期限内，以买卖双方进行股票交易后计算出的股票和资金的净额进行交收。净额交收必须通过结算机构进行，比较适合投资者较为分散、成交笔数较多、每笔成交数量较小的股票市场和交易方式。

（三）过户

股票过户是指股权（债券）在投资者之间的转移。

（四）相关费用种类

（1）委托手续费。

（2）印花税。

（3）佣金。

（4）过户费。

（5）市场监管费。

第二节　常见规则和术语

1. *第三方存管*

证监会规定，客户的交易结算资金不由证券公司存管，统一交由第三方存管机构存管。这里的第三方存管机构，目前是指具备第三方存管资格的商业银行。开户后，投资者应携带股东卡、身份证、证明资金由第三方存管的相关单据于交易时间到银行柜台办理确认手续。目前，国泰君安支持的资金存管银行包括中国工商银行、中国农业银行、中国银行、中国建设银行、交通银行、招商银行、民生银行、上海浦东发展银行、深圳发展银行、福建兴业银行、中国光大银行、华夏银行、北京银行。

2. 交易规则

沪市的委托时间为每个交易日的9:15—9:25、9:30—11:30、13:00—15:00。深市的委托时间为每个交易日的9:15—11:30、13:00—15:00。股票的买入数量应为100股(一手)或其整数倍;卖出股票时,余额不足100股的部分,应当一次性申报卖出。A股的申报价格最小变动单位为0.01元人民币。沪市股票交易实行价格涨跌幅限制,普通股票的涨跌幅比例为10%,而ST股票和*ST股票的价格涨跌幅比例为5%。深市股票交易实行价格涨跌幅限制,普通股票的涨跌幅比例为10%,而ST股票和*ST股票的价格涨跌幅比例为5%。有涨跌幅限制的股票在集合竞价期间的有效竞价范围与涨跌幅的限制范围一致。

3. 交易信息

股票交易信息包括股票交易即时行情、股价指数、涨跌幅排名等,由证券交易所在每个交易日发布,各会员经纪商在营业场所予以公布。

即时行情的内容包括股票代码、股票名称、前收盘价、最新成交价、当日最高价、当日最低价、当日累计成交量、当日累计成交额、实时最高5个价位买入和卖出的申报价格及数量等。

4. A股

A股的正式名称是人民币普通股,是由我国境内的公司发行,供境内机构、组织或个人(从2013年4月1日起,境内港、澳、台居民可开立A股账户)以人民币认购和交易的普通股票。A股不是实物股票,采用无纸化电子记账,实行"T+1"交割制度,有涨跌幅(10%)限制,参与投资者为中国内地的机构或个人。中国上市公司的股票有A股、B股、H股、N股和S股等。这一区分主要依据股票的上市地点和所面对的投资者而定。

5. 股票交易时间

每周一至周五上午(前市)的9:15—9:25(集合竞价时间),9:30—11:30(连续竞价时间);下午(后市)的13:00—15:00(连续竞价时间)。双休日和上海证券交易所公布的休市日休市。

6. 股票涨跌幅限制

自1996年12月16日起,上海、深圳证券交易所分别对上市交易的股票(含A股、B股)、基金类证券的交易实行价格涨跌幅限制,即在一个交易日内,除股票上市首日外,上述证券的交易价格相对上一交易日收市价格的涨跌幅度不得超过10%。其计算公式为:

（1±10%）×上一交易日收盘价

计算结果四舍五入至 0.01 元（B 股四舍五入至 0.001 美元）；超过涨跌幅限制的委托均被视为无效委托。此外，自 1998 年 4 月起，中国证监会对部分上市公司的股票实行特别处理（即 ST），股票的涨跌幅限制为 5%。

7. 挂牌、摘牌、停牌和复牌

（1）挂牌，是指股票上市，即已经发行的股票经过国务院或者国务院授权的证券管理部门批准后在证券交易所公开交易的法律行为，是连接股票发行与交易的“桥梁”。在我国，股票公开发行后就获得了挂牌上市的资格。

（2）摘牌，又称退市或终止上市，是指证券上市期届满或依法不再具备上市条件，证券交易所终止其上市交易，以后无法在证券公司再买卖该股票。

（3）停牌，是指某一种上市证券临时停止交易的行为。

（4）复牌，是指某种被停牌的证券恢复交易。

8. 分红派息

分红派息是指上市公司向其股东派发红利和股息的过程，也是股东实现自己权益的过程。分红派息的形式主要有现金股利和股票股利。

9. 除权与除息

（1）除权（XR），是指由于公司股本增加，每股股票所代表的企业实际价值（每股净资产）有所减少，需要在发生该事实之后从股票市场价格中剔除这部分因素，由此形成的剔除行为。

（2）除息（XD），是指股票发行企业在发放股息或红利时，需要事先进行核对股东名册、召开股东会议等多种准备工作，因而规定以某日在册股东名单为准，并公告在此日期以后的一段时期为停止股东过户期。

10. A 股、B 股、H 股

（1）A 股是人民币普通股，是由我国境内的公司发行，供境内机构、组织或个人以人民币认购和交易的普通股。

（2）B 股的正式名称是人民币特种股票，是以人民币标明面值，以外币认购和买卖，在境内证券交易所上市交易的股票。

（3）H 股，即注册地在内地、上市地在中国香港的外资股。

11. 开盘价

开盘是指某种证券在证券交易所每个营业日的第一笔交易，第一笔交易的成交

价就是当日开盘价。

有时，某证券连续几天无成交，则由证券交易所根据客户对该证券买卖委托的价格走势提出指导价格，以促使其成交，然后将成交价作为开盘价。首日上市买卖的证券以上市前一日柜台转让平均价或平均发售价为开盘价。

12. 收盘价

收盘价是指某种证券在证券交易所一天交易活动结束前最后一笔交易的成交价格。若当日没有成交，则采用最近的成交价格作为收盘价。因为收盘价是当日行情的标准，又是下一个交易日开盘价的依据，投资者可据以预测未来证券市场的行情，所以投资者对行情进行分析时，一般采用收盘价作为计算依据。

13. 利多

利多是指刺激股价上涨的信息，如股票上市公司的经营业绩好转、银行利率降低、社会资金充足、银行信贷资金放宽、市场繁荣等，以及其他政治、经济、军事、外交等方面对股价上涨有利的信息。

14. 利空

利空是指促使股价下跌的信息，如股票上市公司的经营业绩恶化、银行利率调高、经济衰退、通货膨胀、天灾人祸等，以及其他政治、经济、军事、外交等方面促使股价下跌的不利消息。

15. “T+1”交收

结算是在一笔证券交易达成之后的后续处理，包括清算和交收两项内容，是证券市场交易持续进行的基础和保证。

“T+1”交收是指交易双方在交易次日完成与交易有关的证券、款项收付，即买方收到证券、卖方收到款项。目前，我国上海、深圳证券交易所对A股实行“T+1”交收，对B股实行“T+3”交收。

16. 除息

股票发行企业在发放股息或红利时，需要事先进行核对股东名册、召开股东会议等多种准备工作，因而规定以某日在册股东名单为准，并公告在此日期以后的一段时期为停止股东过户期。

在停止股东过户期内，股息、红利将发给登记在册的旧股东，新买进股票的持有者因没有过户而不能享受领取股息、红利的权利。同时，股票的买卖价格应扣除这段时期内应发放的股息、红利，这就是除息交易。

17. 除权

除权与除息一样，也是停止股东过户期内的一种规定，即新的股票持有人在停止股东过户期内不能享有该股票的增资配股权利。配股权是指股份公司为增加资本而发行新股票时，原有股东有优先认购或认配的权利。

第2章 债券

债券是一种有价证券，是社会各类经济主体为筹集资金而向债券投资者出具的、承诺按一定利率定期支付利息并到期偿还本金的债权债务凭证。

1．票面要素

（1）债券的票面价值。债券的票面价值是指债券票面标明的货币价值，是债券发行人承诺在债券到期日偿还给债券持有人的金额。

（2）债券的到期期限。债券的到期期限是指债券从发行之日起至偿清本息之日止的时间，也是债券发行人承诺履行合同义务的全部时间。

（3）债券的票面利率。债券的票面利率又称名义利率，是债券年利息与债券票面价值的比率，通常年利率用百分数表示。利率是债券票面要素中不可缺少的内容，通常受借贷资金的市场利率水平、筹资者的资信、债券期限长短等几个因素的影响。

（4）债券发行者的名称。该要素指明了债券的债务主体，既明确了债券发行人应履行对债权人偿还本息的义务，也为债权人到期追索本金和利息提供了证据。此外，债券票面上有时还包含一些其他要素，如分期偿还时间表、赎回选择权条款等。

2. 交易方式

上市债券的交易方式大致有债券现货交易、债券回购交易、债券期货交易。目前，在上海、深圳证券交易所交易的债券有债券现货交易和债券回购交易。

（1）债券现货交易，又称现金现货交易，是债券买卖双方对债券的买卖价格均表示满意，在成交后立即办理交割，或在很短的时间内办理交割的一种交易方式。

（2）债券回购交易，是指债券的出券方和购券方在达成一笔交易时，规定出券方必须在未来某一约定时间以双方约定的价格再从购券方那里购回原先售出的那笔债券，并以商定的利率（价格）支付利息。

（3）债券期货交易，是指交易双方成交后，交易的交割和清算按照期货合约中规定的价格在未来某一特定时间进行。

第一节　基本操作说明

一、交易规则

1. 交易时间、原则

债券的交易时间和原则与 A 股相同。

2. 报价单位

以“张”（每百元面值债券的价格）为报价单位，即每 100 元面值国债的价格。

3. 委托买卖

（1）交易单位。以“手”（以人民币 1 000 元面额为 1 手）为单位，债券卖出的最小申报数量单位为 1 张，债券买入的最小申报数量单位、债券回购买卖的最小申报数量单位为 1 手。

（2）价格最小变化档位。债券申报价格的最小变动单位为 0.01 元人民币。

（3）涨跌幅限制。不设涨跌幅限制。

（4）申报撮合方式。正式实施国债净价交易后，将实行净价申报和净价撮合成交的方式，并以成交价格和应计利息之和作为结算价格。

（5）行情报价。报价系统同时显示国债全价、净价及应计利息。

（6）申报上限。单笔申报的最大数量应当低于 1 万手（含 1 万手）。

(7) 交易方式。“T+0”，国债现货交易允许实行回转交易，即当天买进的债券当天可以卖出，当天卖出的债券当天可以买进。

(8) 竞价方式。与A股相同。

(9) 上市首日申报竞价规定。深交所国债上市首日集合竞价申报价格的有效范围为前收盘价（发行价）上下各150元（即15 000个价格升降单位）；进入连续竞价后，申报价格的有效范围为最后成交价上下各15元（即1 500个价格升降单位）。

(10) 申报价格限制。上市首日后，每次买卖竞价申报价格的有效范围为最近成交价上下各5元（即500个价格升降单位）。

二、债券交易操作流程

（一）债券场内交易操作流程

场内交易又称交易所交易，证券交易所是市场的核心。在证券交易所内部，其交易程序都要经证券交易所立法规定，各个步骤明确而严格。债券的交易程序有五个步骤：开户，委托，成交，清算和交割，过户。

1. 开户

债券投资者要进入证券交易所参与债券交易，首先必须选择一家可靠的证券公司，并在该公司办理开户手续。

(1) 订立开户合同。开户合同应包括如下事项：委托人的真实姓名、住址、年龄、职业、身份证号码等；委托人与证券公司之间的权利和义务，并同时认可证券交易所的营业细则和相关规定以及经纪商公会的规章作为开户合同的有效组成部分；确立开户合同的有效期限，以及延长合同期限的条件和程序。

(2) 开立账户。在投资者与证券公司签订开户合同后，就可以开立账户，为自己从事债券交易做准备。我国上海证券交易所允许开立的账户有现金账户和证券账户。现金账户只能用来买进债券并通过该账户支付买进债券的价款，证券账户只能用来交割债券。因为投资者既要进行债券的买进业务又要进行债券的卖出业务，故一般要同时开立现金账户和证券账户。上海证券交易所规定，投资者开立的现金账户，其中的资金要首先交存证券公司，然后由证券公司转存银行，其利息收入将自动转入该账户；投资者开立的证券账户，则由证券公司免费代为保管。

2. 委托

投资者在证券公司开立账户以后，要想真正上市交易，还必须与证券公司建立证券交易委托关系，这是一般投资者进入证券交易所的必经程序，也是债券交易的必经程序。

（1）委托关系的确立。投资者与证券公司之间委托关系的确立，其核心程序就是投资者向证券公司发出“委托”。投资者发出委托必须与证券公司的办事机构联系，证券公司接到委托后，就会按照投资者的委托指令填写“委托单”，将投资交易债券的种类、数量、价格、开户类型、交割方式等一一载明。此外，“委托单”必须及时送达证券公司在交易所中的驻场人员，由驻场人员负责执行委托。投资者办理委托可以采取当面委托或电话委托两种方式。

（2）委托方式的分类。

1）买进委托。

2）卖出委托。

3）当日委托。

4）限价委托。

5）撤销委托。

6）整数委托。

3. 成交

证券公司在接受投资客户委托并填写委托单后，就要由其驻场人员在交易所内迅速执行委托，以使该债券委托成交。

（1）债券成交的原则。在证券交易所内，债券成交就是要使买卖双方在价格和数量上达成一致。这个程序必须遵循特殊的原则，又称竞争原则。这种竞争原则的主要内容是“三先”，即价格优先、时间优先、客户委托优先。价格优先就是证券公司按照最有利于投资委托人利益的交易价格买进或卖出债券。时间优先就是要求在相同的价格申报时，应该与最早提出该价格的一方成交。客户委托优先主要是要求证券公司在自营买卖和代理买卖之间，首先进行代理买卖。

（2）竞价的方式。证券交易所的交易价格按竞价的方式进行。竞价的方式包括口头唱报、板牌报价以及计算机终端申报竞价三种。

4. 清算和交割

债券交易成立以后就必须进行券款的交付，这就是债券的清算和交割。

（1）债券的清算。债券的清算是指对同一证券公司在同一交割日对同一种国债的买和卖相互抵消，确定出应当交割的债券数量和应当交割的价款数额，然后按照“净额交收”原则办理债券和价款的交割。一般在证券交易所当日闭市时，其清算机构便依据当日“场内成交单”所记载的各证券公司买进和卖出某种债券的数量及价格，计算出各证券公司在应收应付价款相抵后的净额以及各种债券相抵后的净额，编制成当日的“清算交割表”，各证券公司核对后再编制该证券公司当日的“交割清单”，并在规定的交割日办理交割手续。

(2) 债券的交割。债券的交割就是将债券由卖方交给买方，将价款由买方交给卖方。在证券交易所交易的债券，按照交割日期的不同，可分为当日交割、普通日交割和约定日交割三种。例如，上海证券交易所规定：当日交割是在买卖成交当天办理券款交割手续；普通日交割是在买卖成交后的第四个营业日办理券款交割手续；约定日交割是在买卖成交后的15日内，买卖双方约定某一日进行券款交割。

5. 过户

债券成交并办理了交割手续后，最后一道程序是完成债券的过户。过户是指将债券的所有权从一个所有者名下转移到另一个所有者名下。过户的基本程序包括：

(1) 债券原所有人在完成清算交割后，应领取并填写过户通知书，加盖印章后随同债券一起送到证券公司的过户机构。

(2) 债券新持有者在完成清算交割后，向证券公司索取印章卡，加盖印章后送到证券公司的过户机构。

(3) 证券公司的过户机构收到过户通知书、债券及印章卡后，加以审查，若手续齐备，则注销原债券持有者证券账户上相同数量的该种债券，同时在其现金账户上增加与该笔交易价款相等的金额。对于债券的买方，则在其现金账户上减少价款，同时在其证券账户上增加债券的数量。

(二) 场外债券交易（柜台交易）程序

场外债券交易就是证券交易所以外的证券公司在柜台上进行的债券交易，场外交易又包括自营买卖和代理买卖两种。

1. 自营买卖债券的程序

场外自营买卖债券就是由投资者个人作为债券买卖的一方，由证券公司作为债券买卖的另一方，其交易价格由证券公司自己挂牌。自营买卖债券的程序十分简单，具体包括：

(1) 买入者、卖出者根据证券公司的挂牌价格填写申请单，申请单上应载明债券的种类及买入或卖出的数量。

(2) 证券公司按照买入者、卖出者申请的券种和数量，根据挂牌价格开出成交单。成交单的内容包括交易日期，成交债券的名称、单价、数量、总金额、票面金额，客户的姓名、地址，证券公司的名称、地址，经办人的姓名、业务公章等，必要时还要登记卖出者的身份证号。

（3）证券公司按照成交情况，向客户交付债券或现金，完成交易。

2. 代理买卖债券的程序

场外代理买卖债券就是投资者个人委托证券公司代其买卖债券，证券公司仅作为中介而不参与买卖业务，其交易价格由委托买卖双方分别挂牌，达成一致后形成。场外代理买卖债券的程序包括：

（1）委托人填写委托书。委托书的内容应包括委托人的姓名和地址，委托买卖债券的种类、数量和价格，委托日期和期限等。委托卖方要交验身份证。

（2）委托人将填好的委托书交给委托的证券公司。其中，买方要交纳购买债券的保证金，卖方则要交出拟卖出的债券，证券公司为其开具临时收据。

（3）证券公司根据委托人买入或卖出委托书上的基本要素，分别为买卖双方挂牌。

（4）如果买方、卖方均为一人，则通过双方讨价还价，促使债券成交；如果买方、卖方为多人，则根据“价格优先、时间优先”的原则，顺序办理交易。

（5）债券成交后，证券公司填写具体的成交单。成交单的内容包括成交日期，买卖双方的姓名、地址及交易机构名称，经办人姓名、业务公章等。

（6）买卖双方接到成交单后，分别交出价款和债券。证券公司收回临时收据，扣收代理手续费，办理清算交割手续，完成交易过程。

第二节　常见规则和术语

1. 国债交易规则

（1）记账式国债的交易方式与股票交易相同，在成交后，债券的增减均相应记录在其“证券账户”或“基金账户”内；无记名国债在卖出交易前，投资者必须将无记名国债拿到指定的证券公司处办理托管手续，然后在其指定的证券公司处进行交易。买入无记名国债后，投资者需要实物券时，可在指定的证券公司处办理提取实物券手续。

（2）国债现货的计价单位为每百元面额。

（3）国债现货交易实行“T＋1”资金清算，投资者与所指定的证券公司在成交

后的第二个营业日办理交割手续。

2. 证券代码

深市国债现货的证券编码为“1019＋年号（1位数）＋当年国债发行上市期数（1位数）”，证券简称为“国债＋相应证券编码的后三位数”；但自2001年十五期国债开始，深市国债现货的证券编码为10＊＊＊＊，中间2位数字为该期国债的发行年份，后面2位数字为其顺序编号。

3. 记账式国债

记账式国债是指没有实物形态的票券，投资者持有的国债登记于证券账户中，投资者只取得收据或对账单以证实其所有权的一种国债。在我国，上海证券交易所和深圳证券交易所已为证券投资者建立了电脑证券账户，因此可以利用证券交易所的系统来发行债券。近年来，我国通过沪、深证券交易所的交易系统发行和交易的记账式国债就是这方面的实例。如果投资者进行记账式债券的买卖，就必须在证券交易所设立账户，所以记账式国债又称无纸化国债。

4. 凭证式国债

凭证式国债的形式是一种债权人认购债券的收款凭证，而不是债券发行人制定的标准格式的债券。近年来，我国通过银行系统发行的凭证式国债，券面上不印制票面金额（而是根据认购者的认购额填写实际的缴款金额），是一种国家储蓄债，可记名、挂失，以“凭证式国债收款凭证”记录债权，不能上市流通，从购买之日起计息。在持有期内，如果持券人遇到特殊情况需要提取现金，可以到购买网点提前兑取。提前兑取时，除偿还本金外，利息按实际持有天数及相应的利率档次计算，经办机构按兑付本金的0.2%收取手续费。

5. 无记名国债

无记名国债是一种票面上不记载债权人姓名或单位名称的债券，通常以实物券形式出现，又称实物券或国库券。实物券是一种具有标准格式实物券面的债券。在标准格式的债券券面上，一般印有债券面额、债券利率、债券期限、债券发行人全称、还本付息方式等各种债券票面要素。有时，债券利率、债券期限等要素也可以通过公告方式向社会公布，而不在债券券面上注明。

6. 国债回购交易

国债回购交易是指证券买卖双方在成交同时就约定于未来某一时间以某一价格再进行反向的交易，是一种以有价证券为抵押品拆借资金的信用行为。其实质内容是：证券的持有方（融资者、资金需求方）以持有的证券作抵押，获得一定期限内的资金使用权，期满后需要归还借贷的资金，并按约定支付一定的利息；而资金的贷出方（融券方、资金供应方）暂时放弃相应资金的使用权，从而获得融资方的证券抵押权，并于回购期满时归还对方抵押的证券，收回融出资金并获得一定利息。

7. 企业债券

企业债券为中华人民共和国国内具有法人资格的企业为筹集生产与建设资金，依照法定程序发行，约定在一定期限内还本付息的债务凭证。在中国，企业债券泛指各种所有制企业发行的债券。在西方国家，由于只有股份公司才能发行企业债券，因而企业债券就是公司债券，它包括的范围较广，如可转换公司债和资产支持证券等。

8. 可转换公司债

可转换公司债是指发行人依照法定程序发行，在一定期限内依据约定的条件可以转换成股份的公司债券。这种债券享受转换特权，在转换前是公司债形式，而在债券转换后相当于增发了股票。可转换公司债兼有债权和股权的双重性质。

9. 金融债券

金融债券是指银行及非银行金融机构依照法定程序发行并约定在一定期限内还本付息的有价证券。金融机构的资金来源有很大部分靠吸收存款，但有时它们为改变资产负债结构或者用于某种特定用途，也有可能发行债券以增加资金来源。

10. 国际债券

国际债券是一种在国际上直接融通资金的金融工具，是一国政府、金融机构、工商企业或国际性组织为筹集中长期资金而在国外金融市场发行的，以外国货币为面值币种的债券。国际债券的发行者与发行地不在同一个国家，因此债券的债务人和债权人也分属不同的国家。

11. 短期融资券

短期融资券是指中华人民共和国境内具有法人资格的非金融企业，依照《短期融资券管理办法》规定的条件和程序，在银行间债券市场发行并约定在一定期限内还本付息的有价证券。

12. 债券面值

债券面值是指债券发行时所设定的票面金额，代表着发行人借入并承诺于未来某一特定日期（如债券到期日）偿付给债券持有人的金额。

当然，债券面值和投资者因购买国债而借给债券发行人的总金额是不同的。实际上，这是投资债券的本金而不是债券面值。

目前，我国发行的债券一般是每张面额 100 元，1 000 元的本金可以买 10 张债券（这种情况只适用于平价发行，溢价发行和折价发行则另当别论。这三种发行价格之间的区别将在下一章专门讨论）。这里的“每张面额 100 元”就可以理解为债券的面值。在进行债券交易时，通过统计某种债券交易的数量，可以清楚地表明债券的交易金额。

在债券的票面价值中，首先要规定票面价值的币种，即以何种货币作为债券价值的计量标准。确定币种主要考虑债券的发行对象。一般来说，在国内发行的债券通常以本国本位货币作为面值的计量单位；在国际金融市场筹资，则通常以债券发行地所在国家或地区的货币或以国际上通用的货币为计量标准。

此外，在确定币种时还应考虑债券发行者本身对币种的需要。在确定币种后，还要规定债券的票面金额。票面金额的大小不同，可以适应不同的投资对象，同时也会产生不同的发行成本。票面金额定得较小，有利于小投资者购买，持有者分布面广，但债券本身的印刷及发行工作量大，费用可能较高；票面金额定得较大，有利于少数大投资者认购，且印刷费用等也会相应减少，但小投资者无法参与。因此，对于债券票面金额的确定，也要根据债券的发行对象、市场资金供给情况及债券发行费用等因素综合考虑。

13. 净价交易

净价交易是指债券现券买卖时，以不含应计利息的价格报价并成交的交易方式，即债券持有期已计利息不计入报价和成交价格中。在进行债券现券交易清算时，买方除按净价计算的成交价款向卖方支付外，还要向卖方支付应计利息；在债券结算交割单中，债券交易净价和应计利息分别列示。目前，债券净价交易采取一步到位的办法，即交易系统直接实行净价报价，同时显示债券的成交价格和应计利息，并以两项之和作为债券买卖价格；结算系统直接实行净价结算，以债券成交价格与应计利息之和作为债券结算交割价格。

净价＝全价－应计利息

14. 全价

目前，银行间债券市场和交易所债券市场都实行净价交易。在净价交易下，现券买卖交易以不含应计利息的价格（净价）报价和成交，而在结算时采用全价，也就是买方除按净价支付成交价款外，还要另向卖方支付应计利息，净价和利息在交割单中分别列示，以便国债交易的税务处理。全价、净价和应计利息的关系如下：

全价=净价+应计利息

即

结算价格=成交价格+应计利息

15. 债券的期限

债券的期限是指在债券发行时就确定的债券还本年限，债券的发行人到期必须偿还本金，而债券持有人到期收回本金的权利受到法律的保护。债券按期限的长短可分为长期债券、中期债券和短期债券。长期债券的期限在 10 年以上，短期债券的期限一般在 1 年以内，中期债券的期限则介于两者之间。债券的期限越长，则债券持有者的资金周转越慢，在银行利率上升时有可能使投资收益受到影响。债券的期限越长，债券的投资风险越高，因此要求有较高的收益作为补偿，而收益率高的债券价格也高。所以，为了获取与所遭受风险相对应的收益，债券的持有人当然对期限长的债券要求较高的收益率，因而长期债券的价格一般要高于短期债券的价格。

16. 剩余期限

剩余期限是指债券距离最终还本付息还有多长时间，一般以年为计算单位，其计算公式如下：

$$剩余期限=\frac{债券最终到期日-交易日}{365}$$

17. 票面利率

债券的票面利率就是债券券面上所载明的利率，在债券到期以前的整个时期都按此利率计算和支付利息。在银行存款利率不变的前提下，债券的票面利率越高，则债券持有人所获得的利息越多，所以债券价格也就越高；反之，则越低。

18. 应计天数

应计天数是指起息日或上一理论付息日至结算日的实际天数。

19. 应计利息

应计利息是指自上一利息支付日至买卖结算日产生的利息收入。具体说来，零息债券的应计利息是指发行起息日至交割日所含的利息；附息债券的应计利息是指本付息期起息日至交割日所含的利息；贴现债券没有票面利率，其应计利息设为零。应计利息的计算公式如下（以每百元债券所含利息列示）：

$$应计利息=\frac{票面利率}{365}\times 已计息天数\times 100$$

20. 到期收益率

到期收益率（yield to maturity，YTM）是使债券得到的所有回报的现值与债券当前价格相等的收益率。它表明，若投资者以既定的价格投资某只债券，那么按照复利的方式，投资者在未来各个时期的货币收入的收益率是多少。

21. 持有期收益率

持有期收益率是指从购入到卖出这段期限内投资者所能得到的收益率。持有期收益率和到期收益率的差别在于将来值的不同。

22. 修正久期

修正久期是衡量价格对收益率变化敏感度的指标。在市场利率水平发生一定幅度波动时，修正久期越大的债券，其价格波动越大（按百分比计）。

23. 凸性

凸性既是对债券价格利率敏感性的二阶估计，也是对债券久期利率敏感性的测量。在价格对收益率出现大幅变动时，它们的波动幅度呈非线性关系，此时由久期做出的预测将有所偏离，而凸性就是对这个偏离的修正。无论收益率是上升还是下降，凸性所引起的修正都是正的。因此，如果修正久期相同，那么凸性越大越好。

第3章 基金

本书中的基金是指证券投资基金。证券投资基金是指通过公开发售基金份额募集资金，由基金托管人托管，由基金管理人管理和运用资金，为基金份额持有人的利益，以资产组合方式进行证券投资活动的基金。

基金的常见分类如下：

（1）按基金的组织形式不同，可分为契约型基金和公司型基金。

（2）按规模是否可变动及交易方式，可分为封闭式基金和开放式基金，见表 3-1。

（3）按投资标的划分，可分为国债基金、股票基金、货币市场基金等。

（4）按投资目标划分，可分为成长型基金、收入型基金和平衡型基金。

表 3-1　　封闭式基金与开放式基金的异同

	封闭式基金	开放式基金
交易场所	沪、深证券交易所	基金管理公司或代销机构网点（主要是指银行等网点）
基金存续期限	有固定的期限。通常在 5 年以上，一般为 10 年或 15 年	没有固定期限

续前表

	封闭式基金	开放式基金
基金规模	固定额度，一般不能再增加发行	没有规模限制（但有最低的规模限制）
赎回限制	在期限内不能直接赎回基金，需要通过上市交易套现	可以随时提出购买或赎回申请
交易方式	上市交易	基金管理公司或代销机构网点（主要是指银行等网点）
价格决定因素	交易价格主要由市场供求关系决定	价格依据基金的资产净值而定
分红方式	现金分红	现金分红、再投资分红
费用	交易手续费：成交金额的 2.5‰	申购费：不超过申购金额的 5% 赎回费：不超过赎回金额的 3%
投资策略	封闭式基金不可赎回，无须提取准备金，能够充分运用资金进行长期投资，取得长期经营绩效	必须保留一部分现金或流动性强的资产，以便应付投资者随时赎回，进行长期投资会受到一定限制。随时面临赎回压力，更注重流动性等风险管理，要求基金管理人具有更高的投资管理水平
信息披露	基金的单位资产净值每周至少公告一次	单位资产净值每个开放日进行公告

还有其他的一些种类，如分级基金、ETF 基金等。

分级基金（structured fund）又称“结构型基金”，是指在一个投资组合下，通过对基金收益或净资产的分解，形成两级（或多级）基金份额的风险收益表现出一定差异化的基金品种。它的主要特点是将基金产品分为两类或多类份额，并分别给予不同的收益分配。分级基金各个子基金的净值与份额占比的乘积之和等于母基金的净值。例如，拆分成两类份额的母基金净值＝A 类份额子基金净值×A 份额占比＋B 类份额子基金净值×B 份额占比。如果母基金不进行拆分，其本身是一个普通的基金。

$$\begin{matrix}\text{母基金}\\\text{净值}\end{matrix}=\begin{matrix}\text{A 类份额}\\\text{子基金净值}\end{matrix}\times\begin{matrix}\text{A 份额}\\\text{占比}\end{matrix}+\begin{matrix}\text{B 类份额}\\\text{子基金净值}\end{matrix}\times\begin{matrix}\text{B 份额}\\\text{占比}\end{matrix}$$

ETF 是 Exchange Traded Fund 的英文缩写。简单说来，ETF 是一种将跟踪指数证券化，并在证券交易所买卖，为投资者提供参与指数表现的开放式基金产品。实际上，ETF 是一种指数投资工具，它通过复制标的指数来构建跟踪指数变化的组合证券，使得投资者通过买卖一种产品就实现了一篮子证券的交易。

第一节　基本操作说明

一、封闭式基金的操作

（一）封闭式基金的开户

由于封闭式基金成立之后不能赎回，除了成立之时投资者可以在基金公司指定的单位购买之外，整个封闭期都只能在二级市场上进行交易，直至到期日。

封闭式基金发行结束后，就不能按基金净值买卖，投资者可委托券商（证券公司）在证券交易所按市价（二级市场价格）买卖，见图 3-1。

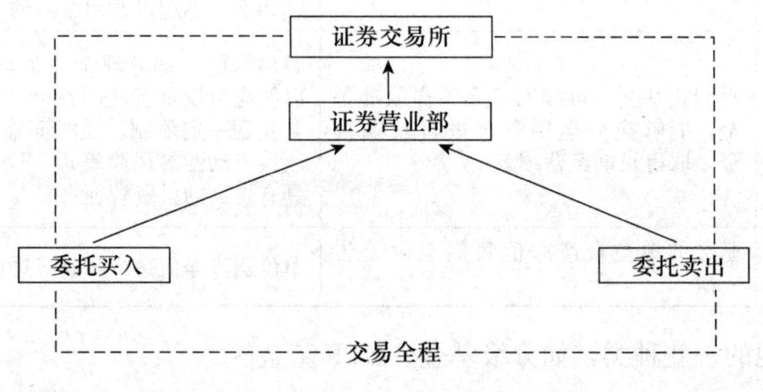

图 3-1

（二）封闭式基金的交易

封闭式基金渡过封闭期后就可以通过证券公司在证券交易所按市价（二级市场价格）买卖了，见图 3-2。

1. 交易规则

封闭式基金的交易时间为每周一至周五，每天上午 9:30—11:30、下午13:00—15:00，法定公众假期除外。

封闭式基金的交易遵从“价格优先、时间优先”的原则。价格优先是指较高价格买进申报优先于较低价格买进申报，较低价格卖出申报优先于较高价格卖出申报。时间优先是指买卖方向、价格相同的，先申报者优先于后申报者。先后顺序按交易主机接受申报的时间确定。

封闭式基金的报价单位为每份基金的价格。基金申报价格的最小变动单位为 0.001 元人民币。买入与卖出封闭式基金份额的申报数量应为 100 份或其整数倍。

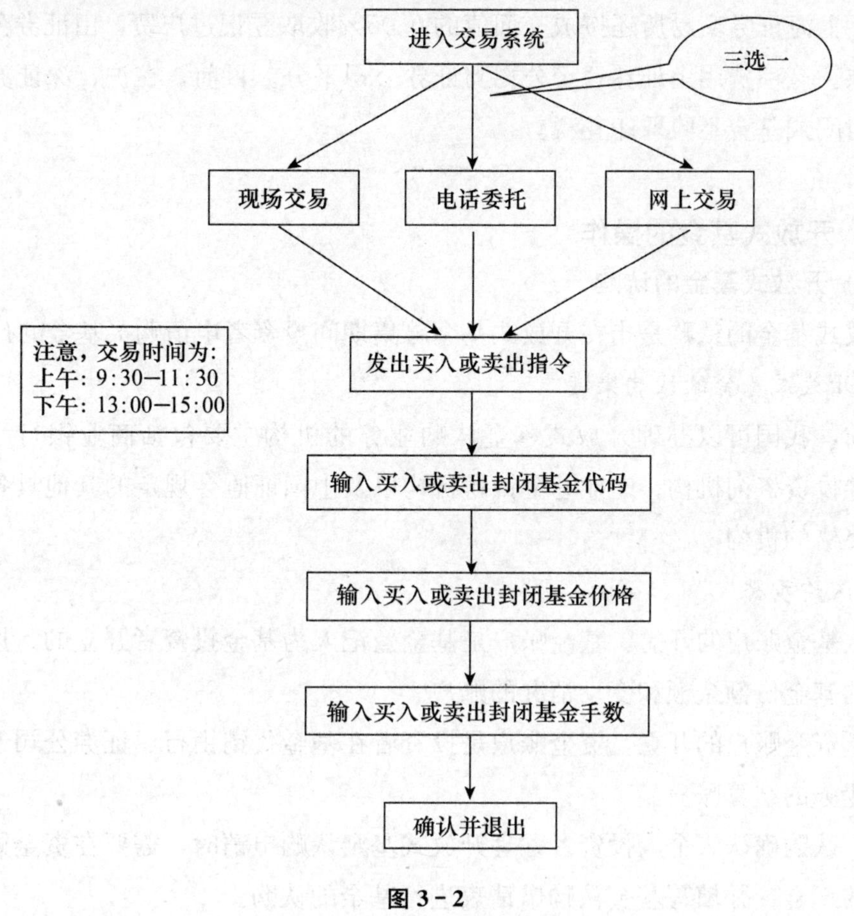

图 3－2

说明：交易在没有成交之前是可以撤销的，成交后不能撤销，买入成交后只能在第二个交易日卖出；卖出成交后可以在当日买入。

基金单笔最大申报数量应低于100万份。

我国封闭式基金的交易采用电脑集合竞价和连续竞价两种方式。集合竞价是指对一段时间内接收的买卖申报一次性集中撮合的竞价方式。连续竞价是指对买卖申报逐笔连续撮合的竞价方式。集合竞价的时间为交易日上午9:15—9:25；连续竞价的时间为交易日上午9:30—11:30、下午13:00—15:00。

目前，沪、深证券交易所对封闭式基金的交易与股票交易一样实行价格涨跌幅限制，涨跌幅比例为10％（基金上市首日除外）。

我国封闭式基金的交收与A股一样实行“T＋1”交割、交收，即达成交易后，相应的基金交割与资金交收在成交日的下一个交易日（“T＋1”日）完成。

2. *交易费用*

目前，我国基金交易的佣金为成交金额的0.25％，不足5元的按5元收取。除此之外，上海证券交易所还按成交面值的0.05%收取登记过户费，由证券公司向投资者收取。该项费用由证券登记公司与证券公司平分。目前，在沪、深证券交易所上市的封闭式基金不收取印花税。

二、开放式基金的操作

（一）开放式基金的认购

开放式基金的认购是指在开放式基金募集期间投资者申请购买基金的行为。

1. 开放式基金的认购渠道

目前，我国可以办理开放式基金认购业务的机构主要包括商业银行、证券公司、证券投资咨询机构、专业基金销售机构以及中国证监会规定的其他具备基金代销业务资格的机构。

2. 认购步骤

（1）基金账户的开立。基金账户是基金登记人为基金投资者开立的、用于记录其持有的基金份额余额和变动情况的账户。

（2）资金账户的开立。资金账户是投资者在基金代销银行、证券公司开立的用于基金业务的结算账户。

（3）认购确认。个人投资者办理开放式基金认购申请时，需要在资金账户中存入足够的现金，并填写基金认购申请表进行基金的认购。

3. 认购方式与认购费率

（1）认购方式。开放式基金的认购采取金额认购的方式。

（2）前端收费模式与后端收费模式。前端收费模式是指在认购基金份额时就支付认购费用的付费模式；后端收费模式是指在认购基金份额时不收费，在赎回基金份额时才支付认购费用的收费模式。

（3）认购费用与认购份额。根据规定，基金认购费率将统一按净认购金额为基础收取，相应的基金认购费用与认购份额的计算公式为：

$$\text{认购费用}=\text{净认购金额}\times\text{认购费率}$$

$$\text{净认购金额}=\frac{\text{认购金额}}{1+\text{认购费率}}$$

$$\text{认购份额}=\frac{\text{净认购金额}+\text{认购利息}}{\text{基金份额面值}}$$

目前，我国股票型基金的认购费率为1%～1.5%，债券型基金的认购费率通常

在1%以下，货币型基金的认购费率一般为0。我国开放式基金的最低认购金额一般为1 000元人民币。一些基金对追加认购金额有最低金额要求，而另一些基金则没有此类要求。

（二）开放式基金日常申购与赎回的程序

1. 提出申购或赎回的申请

投资者必须根据基金销售网点规定的手续，在工作日的交易时间内向基金销售网点提出申购或赎回的申请。

2. 日常申购或赎回申请的确认

基金管理人以收到申购或赎回申请的当天作为申购或赎回申请日（“T”日），并在“T+2”工作日前（包括该日）对该交易的有效性进行确认。投资者可在“T+2”工作日之后（包括该日）向基金销售网点进行成交查询。

3. 日常申购或赎回申请的款项支付

投资者申购时，通过指定账户划出足额的申购款项。申购采用全额交款方式，若资金未全额到账则申购不成功，基金管理人将申购不成功或无效的款项退回。

投资者赎回申请成交后，成功赎回的款项将在“T+7”工作日之内向基金持有人（赎回人）划出。

4. 收费模式与申购份额、赎回金额的确定

（1）收费模式与申购费率。申购费率以净申购金额为基础计算，申购费用与申购份额的计算公式为：

$$\text{净申购金额}=\frac{\text{申购金额}}{1+\text{申购费率}}$$

$$\text{申购费用}=\text{申购金额}-\text{净申购金额}$$

$$\text{申购份额}=\frac{\text{净申购金额}}{\text{申购日基金单位净值}}$$

（2）赎回金额的确定。

$$\text{赎回金额}=\text{赎回总额}-\text{赎回费用}$$

其中，

$$\text{赎回总额}=\text{赎回数量}\times\text{赎回日基金份额净值}$$

$$\text{赎回费用}=\text{赎回总额}\times\text{赎回费率}$$

赎回费率一般按持有时间的长短分级设置，持有时间越长，适用的赎回费率越低。

实行后端收取认购/申购费用的基金，还应扣除后端认购/申购费用，才是投资者最终得到的赎回金额，即

赎回金额＝赎回总额－后端收费金额－赎回费用

（3）货币市场基金的手续费。货币市场基金的费用较低，通常申购、赎回费率为0。一般来说，货币市场基金从基金财产中计提比例不高于2.5‰的销售服务费，用于基金的持续销售和向基金份额持有人提供服务。

三、ETF基金的操作

交易型开放式指数基金，通常称为交易所交易基金（exchange traded funds，ETF），是在交易所上市交易的、基金份额可变的一种开放式基金。

交易型开放式指数基金属于开放式基金的一种特殊类型，它综合了封闭式基金和开放式基金的优点，投资者既可以在二级市场买卖ETF份额，又可以向基金管理公司申购或赎回ETF份额。不过，申购或赎回必须以一篮子股票（或有少量现金）换取基金份额或者以基金份额换回一篮子股票（或有少量现金）。由于同时存在二级市场交易和申购赎回机制，投资者可以在ETF二级市场交易价格与基金单位净值之间存在差价时进行套利交易。套利机制的存在，可使ETF避免封闭式基金普遍存在的折价问题。

投资者可以通过两种方式购买ETF：投资者可以在证券市场收盘之后，按照当天的基金净值向基金管理者购买（与普通的开放式共同基金一样）；投资者也可以在证券市场上直接从其他投资者那里购买，购买的价格由买卖双方共同决定，这个价格往往与基金当时的净值有一定差距（与普通的封闭式基金一样）。

（一）ETF份额的发售

1. 认购方式

目前，我国可以采取网上现金、网下现金、网下股票认购三种方式。

2. 认购费用（佣金）及认购份额的计算

（1）通过基金管理人进行现金认购的投资者，认购以ETF份额申请。认购费用和认购金额的计算公式为：

认购费用＝认购价格×认购份额×认购费率

认购金额＝认购价格×认购份额×(1＋认购费率)

(2) 通过代理发售机构进行现金认购的投资者，认购以 ETF 份额申请。认购佣金和认购金额的计算公式为：

认购佣金＝认购价格×认购份额×佣金比率

认购金额＝认购价格×认购份额×(1＋佣金比率)

(3) 通过代理发售机构进行股票认购的投资者，认购以单只股票股数申请。认购份额和认购佣金的计算公式为：

认购份额＝∑(第 i 只股票在网下认购日的均价×有效认购数量)/1.00

认购佣金＝认购价格×认购份额×佣金比率

(二) ETF 份额折算与变更登记

1. ETF 份额折算的时间

基金合同生效后，基金管理人应逐步调整实际组合，直至达到指数要求，此过程为 ETF 的建仓阶段。ETF 的建仓期不超过 3 个月。

基金建仓期结束后，为方便投资者观察基金份额的净值变化，基金管理人通常会以某一选定日期作为基金折算日，以标的指数的 1‰（或 1%）作为份额净值，对原来的基金份额进行折算。

2. ETF 份额折算的原则

ETF 份额折算由基金管理人办理，并由登记结算机构进行基金份额的变更登记。

基金份额折算后，基金份额总额与基金份额持有人持有的基金份额将发生调整，但调整后的基金份额持有人持有的基金份额占基金份额总额的比例不发生变化。基金份额折算对基金份额持有人的收益无实质性影响。基金份额折算后，基金份额持有人按照折算后的基金份额享有权利并承担义务。

3. ETF 份额折算的方法

假设基金管理人确定了基金份额的折算日（“T”日）。“T”日收市后，基金管理人计算当日的基金资产净值 X 和基金份额总额 Y。

“T”日标的指数的收盘值为 I，若以标的指数的 1‰作为基金份额净值进行基金份额的折算，则“T”日的目标基金份额净值为 I/1 000。

(三) ETF 份额的交易规则

基金合同生效后，基金管理人可向证券交易所申请上市。ETF 上市后，其二级市场的交易与封闭式基金类似，要遵循下列交易规则：

(1) 基金上市首日的开盘参考价为前一工作日的基金份额净值。

(2) 基金实行价格涨跌幅限制，涨跌幅比例为 10%，自上市首日起实行。

(3) 基金买入申报数量为 100 份或其整数倍，不足 100 份的部分可以卖出。

(4) 基金申报价格的最小变动单位为 0.001 元。

(四) ETF 份额的申购与赎回

1. 申购和赎回的场所（场内的实物申赎）

投资者应当在代办证券公司办理基金申购、赎回业务的营业场所或按代办证券公司提供的其他方式办理基金的申购和赎回。

2. 申购和赎回的时间

(1) 申购、赎回的开始时间。基金在基金份额折算日之后可开始办理申购。基金自基金合同生效日后不超过 3 个月的时间起开始办理赎回。

基金管理人应于申购开始日、赎回开始日前至少 3 个工作日在至少一种中国证监会指定的信息披露媒体公告。

(2) 开放日及开放时间。投资者可办理申购、赎回等业务的开放日为证券交易所的交易日，开放时间为上午 9:30—11:30 和下午 13:00—15:00，除此时间之外不办理基金份额的申购、赎回。

3. 申购和赎回的数额限制

投资者申购、赎回的基金份额应为最小申购、赎回单位的整数倍。目前，我国 ETF 的最小申购、赎回单位一般为 50 万份或 100 万份。

4. 申购和赎回的原则

场内申购、赎回 ETF 采用份额申购、份额赎回的方式，即申购和赎回均以份额申请。场外申购、赎回采用金额申购、份额赎回的方式，即申购以金额申请，赎回以份额申请。

场外申购、赎回 ETF 的申购对价、赎回对价包括组合证券、现金替代、现金差额及其他对价。场外申购、赎回 ETF 时，申购对价、赎回对价为现金。

申购、赎回申请提交后，不得撤销。

5. 申购和赎回的程序

(1) 申购和赎回申请的确认与通知。基金投资者的申购、赎回申请在受理当日进行确认。

(2) 申购和赎回的清算交收与登记。投资者“T”日申购、赎回成功后，登记结算机构在“T”日收市后为投资者办理基金份额与组合证券的清算交收以及现金替代等的清算。在“T+1”日办理现金替代等的交收以及现金差额的清算；在“T+2”日办理现金差额的交收，并将结果发送给申购、赎回代理证券公司、基金管理人和基金托管人。

6. 申购、赎回的对价、费用及价格

场外申购、赎回时，申购对价、赎回对价为现金。

投资者在申购或赎回基金份额时，申购、赎回代理证券公司可按0.5%的标准收取佣金，其中包含证券交易所、登记结算机构等收取的相关费用。

基金登记流程如图3-3所示。

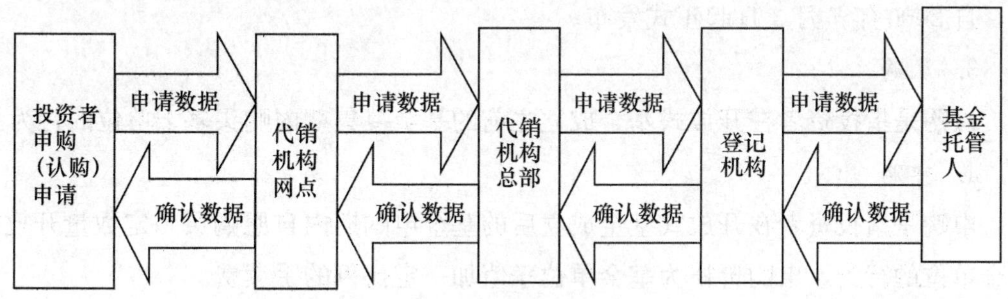

图3-3

申购、赎回资金清算流程如图3-4所示。

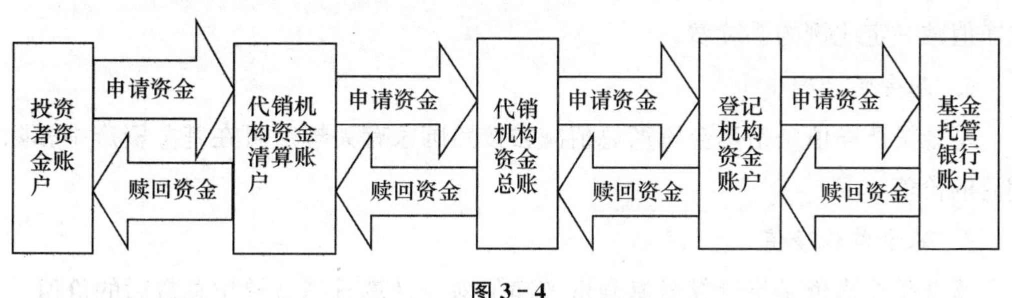

图3-4

第二节 常见规则和术语

1. 基金单位

基金单位是指基金发起人向不特定投资者发行的，表示持有人对基金享有资产

所有权、收益分配权和其他相关权利并承担相应义务的凭证。

2. 基金指数

为反映封闭式基金二级市场价格的综合变动情况，上海证券交易所和深圳证券交易所分别编制了各自的基金指数。

上证基金指数的选样范围为在上海证券交易所上市的封闭式基金，在计算方法上采用派许指数计算公式，以基金份额总额为权数。上证基金指数以 2000 年 5 月 8 日为基日，以该日所有证券投资基金的市价总值为基值，基日指数为 1 000 点，自 2000 年 6 月 9 日起正式发布。

深证基金指数的选样范围为在深圳证券交易所上市的封闭式基金，在计算方法上同样采用派许指数计算公式，以基金份额总额为权数。深证基金指数以 2000 年 6 月 30 日为基日，以该日所有证券投资基金的市价总值为基值，基日指数为 1 000 点，自 2000 年 7 月 3 日起正式发布。

3. 认购

认购是指投资者在开放式基金成立之前的基金募集期内购买基金单位的行为。

4. 申购

申购是指投资者在开放式基金成立后的基金申购期内自愿购买一定数量开放式基金单位的行为，申购价格为基金单位净值加一定比例的手续费。

5. 赎回

赎回是指投资者自愿赎回一定数量开放式基金单位的行为，赎回价格为基金单位净值减一定比例的手续费。

6. 基金资产净值

基金资产净值是指基金资产总值减去按照国家有关规定可在基金资产中扣除费用后的价值。

7. 基金单位净值

基金单位净值是指计算日基金资产净值除以计算日基金单位总数后的价值。

8. 基金收益

基金收益是指基金投资所得红利、股息、债券利息、买卖证券价差、存款利息及其他收入之和。

9. 认购份额

$$认购份额=\frac{认购金额-认购费用}{基金单位面值}$$

例如，某投资者认购 1 000 元开放式基金，基金面值为 1 元，认购费率为 1%，则

$$认购费用=1\,000\times1\%=10(元)$$

$$最后确认份额=\frac{1\,000-10}{1}=990(份)$$

10. 申购份额

$$申购份额=\frac{申购金额-申购费用}{基金单位净值}$$

例如，某投资者在“T”日申购 1 000 元开放式基金，“T”日该基金的净值为 1.05 元，申购费率为 1%，则

$$申购费用=1\,000\times1\%=10(元)$$

$$最后确认份额=\frac{1\,000-10}{1.05}=942.86(份)$$

11. 基金定投

定期、定额投资基金是基金申购业务的一种方式，投资者可通过基金的销售机构提交申请，约定每期的扣款时间、扣款金额及扣款方式，由销售机构于约定扣款日，在投资者指定的资金账户内自动完成扣款及基金申购。

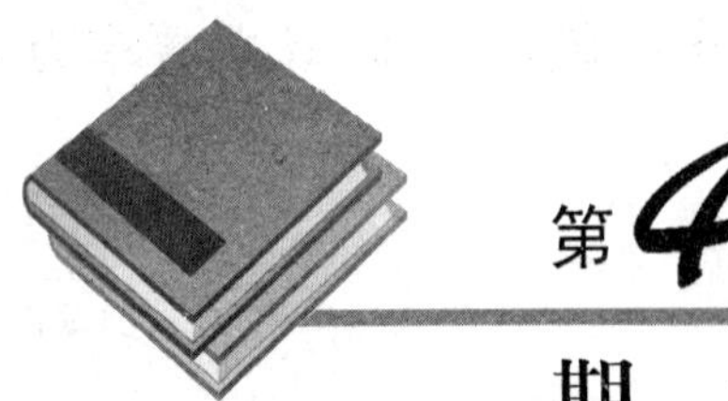

第4章 期货

期货合约（future contract）是投资者与交易所签订的、在将来一个确定时间按确定的价格购买或出售某项资产的协议。承诺买入标的资产的投资者持有的是期货多头，承诺卖出标的资产的投资者持有的是期货空头。交易所场内由交易员所议定的价格称为期货价格，期货价格是由供求关系决定的。

1. 期货的主要分类

期货可以大致分为两大类，即商品期货与金融期货。商品期货中的主要品种可以分为农产品期货、金属期货（包括基础金属期货、贵金属期货）、能源期货三大类；金融期货中的主要品种可以分为外汇期货、利率期货（包括中长期债券期货、短期利率期货）和股指期货，见表4-1。

表4-1　期货的种类

期货	商品期货	农产品期货
		金属期货（基础金属期货、贵金属期货）
		能源期货
	金融期货	外汇期货
		利率期货（中长期债券期货、短期利率期货）
		股指期货

2. 期货合约的主要条款

期货合约的条款主要包括标的资产、合约规模、交割地点、交割月份等规定。

(1) 标的资产或交割品级。

(2) 合约规模或交易单位。

(3) 交割地点或交割安排。

(4) 交割月份。

(5) 交易保证金和交易手续费。

(6) 交割方式。

3. 期货交易的特点

(1) 杠杆机制。期货交易只需交纳5%～10%的履约保证金就能完成数倍乃至数十倍的合约交易。由于期货交易保证金制度的杠杆效应，使之具有“以小博大”的特点，交易者可以用少量资金进行大宗的买卖，从而节省大量的流动资金。

(2) 双向交易和对冲机制。双向交易就是期货交易者既可以买入期货合约作为期货交易的开端（以下简称“买入建仓”），也可以卖出期货合约作为交易的开端（以下简称“卖出建仓”），也就是通常所说的“买空卖空”。与双向交易特点相联系的还有对冲机制。在期货交易中，大多数交易者并不是通过合约到期时进行实物交割来履行合约，而是通过与建仓时交易方向相反的交易来解除履约责任。具体说来，就是买入建仓之后可以通过卖出相同合约的方式解除履约责任，卖出建仓后可以通过买入相同合约的方式解除履约责任。期货双向交易和对冲机制的特点，吸引了大量期货投机者参与交易，因为在期货市场上，投机者有双重的获利机会：期货价格上升时，可以通过低买高卖来获利；期货价格下降时，可以通过高卖低买来获利。此外，投机者可以通过对冲机制免除进行实物交割的麻烦，投机者的参与大大增加了期货市场的流动性。

(3) 合约标准化。期货交易是通过买卖期货合约进行的，而期货合约是标准化的。期货合约标准化是指除价格外，期货合约的所有条款都是预先由期货交易所规定好的，具有标准化的特点。期货合约标准化给期货交易带来了极大便利，交易双方无须对交易的具体条款进行协商，从而可以节约交易时间、减少交易纠纷。

(4) 交易集中化。期货交易必须在期货交易所内进行。期货交易所实行会员制，只有会员方能进场交易。那些处在场外的客户若想参与期货交易，只能委托期货经纪公司代理交易。所以，期货市场是一个高度组织化的市场，并且实行严格的管理制度，期货交易最终是在期货交易所内集中完成的。

（5）每日无负债结算制度。期货交易实行每日无负债结算制度，也就是在每个交易日结束后，对交易者当天的盈亏状况进行结算，在不同交易者之间根据盈亏进行资金划转。如果交易者亏损严重、保证金账户资金不足，则要求交易者必须在下一日开市前追加保证金，以做到“每日无负债”。期货市场是一个高风险的市场，为了有效地防范风险，必须将因期货价格不利变动给交易者带来的风险控制在有限的幅度内，从而保证期货市场的正常运转。

第一节　基本操作说明

一、期货开户

（一）期货开户必须具备的条件

（1）符合国家法律法规和政策规定的入市交易资格（必须为中华人民共和国国籍，港、澳、台同胞暂时无法交易国内期货）。

（2）有从事交易必需的资金或资产（交易股指期货的最低入市资金为 50 万元，交易商品期货的最低开户资金为 1 万元）。

（3）开户人和交易执行人须年满 18 周岁且具有完全民事行为能力。

（二）期货开户须提供的证件或资料

（1）自然人开户（普通投资者）：本人身份证原件以及银行卡；开户人本人必须现场开户。

（2）法人开户（机构投资者）：开户单位的《企业营业执照》副本，法定代表人、指令下达人、资金调拨人的身份证以及《税务登记证》。

（三）期货开户的详细流程

期货开户的详细流程见图 4－1。

期货交易规则要求交易参与者在决定参与交易的时候，必须首先履行开立交易账户的手续。开立账户实质上是投资者（委托人）与期货经纪公司（代理人）之间建立的一种法律关系。一般来说，各期货经纪公司为客户开设账户的程序及所需的文件不尽相同，但基本程序及方法大致相同。

1. 风险揭示

客户委托期货经纪公司从事期货交易必须事先在期货经纪公司办理开户登记。

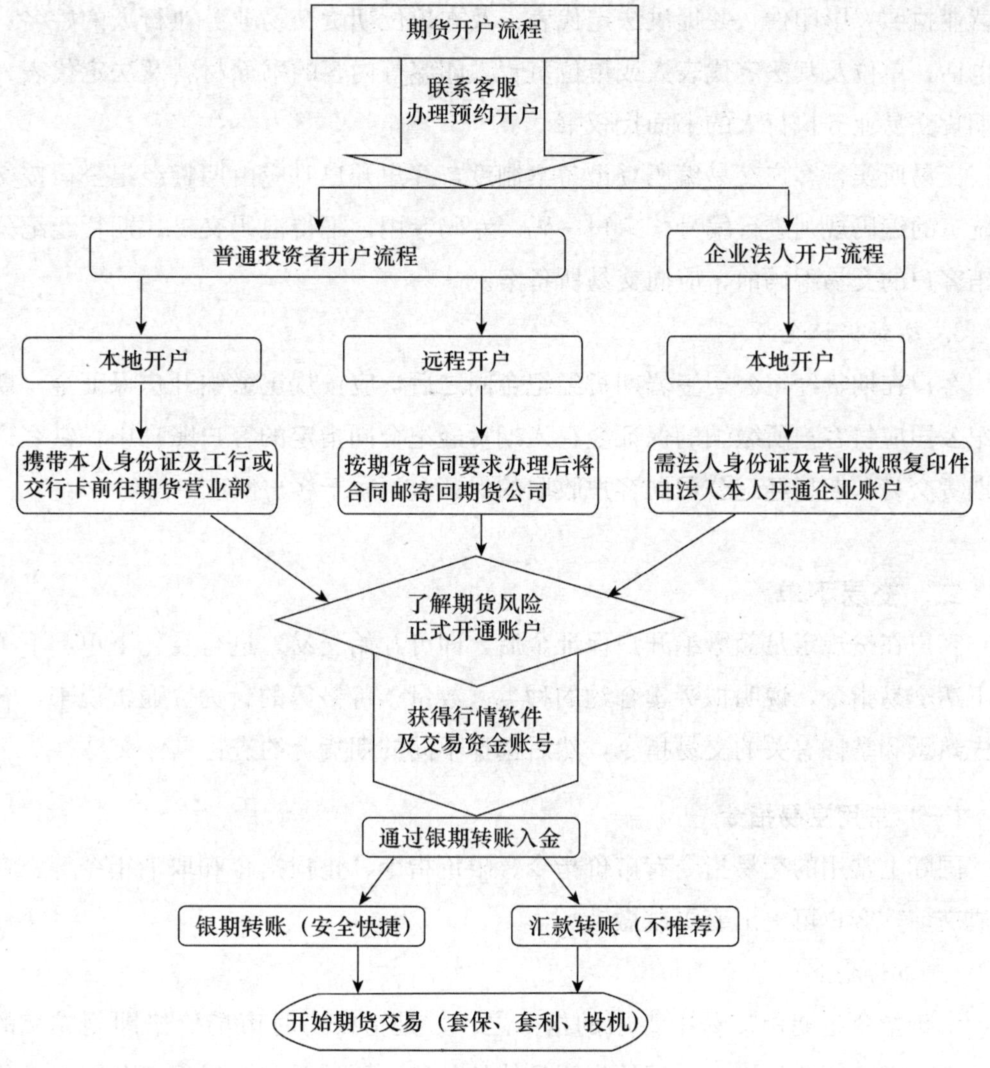

图4-1 期货开户的详细流程

期货经纪公司在接受客户开户申请时，必须向客户提供《期货交易风险揭示书》。个人客户应在仔细阅读并理解后，在《期货交易风险说明书》上签字；单位客户应在仔细阅读并理解后，由单位法人在《期货交易风险说明书》上签字并加盖单位公章。

2. 签署合同

期货经纪公司在接受客户开户申请时，双方须签署《期货经纪合同》。个人客户应在该合同上签字，单位客户应由法定代表人在该合同上签字并加盖公章。

个人开户应提供本人身份证，留存印鉴或签名样卡。单位开户应提供《企业法人营业执照》影印件，并提供法定代表人及本单位期货交易业务执行人的姓名、联系电话、单位及其法定代表人或单位负责人印鉴等内容的书面材料及法定代表人授权期货交易业务执行人的书面授权书。

交易所实行客户交易编码登记备案制度，客户开户时应由期货经纪公司按交易所统一的编码规则进行编号，一户一码，专码专用，不得混码交易。期货经纪公司注销客户的交易编码前，应向交易所备案。

3. 缴纳保证金

客户在期货经纪公司签署期货经纪合同之后，应按规定缴纳开户保证金。期货经纪公司应将客户所缴纳的保证金存入期货经纪合同指定的客户账户中，供客户进行期货交易。期货经纪公司向客户收取的保证金，属于客户所有。

二、交易下单

客户在按规定足额缴纳开户保证金后，即可开始交易，进行委托下单。下单是指下达交易指令，说明拟买卖合约的种类、数量、价格等的行为。通常说来，客户应先熟悉和掌握有关的交易指令，然后选择不同的期货合约进行具体交易。

（一）常用交易指令

国际上常用的交易指令有市价指令、限价指令、止损指令和取消指令等。在指令成交前，客户可提出变更或撤销。

1. 市价指令

市价指令是期货交易中常用的指令之一，是指按当时市场价格即刻成交的指令。客户在下达这种指令时无须指明具体的价位，而是要求期货经纪公司出市代表以当时市场上可执行的最好价格达成交易。这种指令的特点是成交速度快，一旦指令下达后不可更改和撤销。

2. 限价指令

限价指令是指执行时必须按限定价格或更好的价格成交的指令。下达限价指令时，客户必须指明具体的价位。它的特点是可以按客户的预期价格成交，但成交速度相对较慢，有时无法成交。

3. 止损指令

止损指令是指当市场价格达到客户预计的价格水平时就变为市价指令予以执行的一种指令。客户利用止损指令，既可以有效地锁定利润，又可以将可能的损失降

至最低限度，还可以相对较小的风险建立新的头寸（目前，国内尚没有止损指令）。

4. 取消指令

取消指令是指客户要求将某一指令取消的指令。客户通过执行该指令，将以前下达的指令完全取消，并且没有新的指令取代原指令。

期货经纪公司对其代理客户的所有指令，必须通过交易所集中撮合交易，不得私下对冲，不得向客户做获利保证或者与客户分享收益。

（二）竞价

1. 国内期货合约价格的形成方式是计算机撮合成交

（1）计算机撮合成交是根据公开喊价的原理设计而成的一种计算机自动化交易方式，是指期货交易所的计算机交易系统对交易双方的交易指令进行配对的过程。这种交易方式具有准确、连续等特点。

（2）国内期货交易所计算机交易系统的运行，一般是将买卖申报单以价格优先、时间优先的原则进行排序。当买入价不小于卖出价则自动撮合成交，撮合成交价等于买入价（bp）、卖出价（sp）和前一成交价（cp）三者中居中的一个价格。

2. 开盘价和收盘价均由集合竞价产生

（1）开盘价集合竞价在某品种某月份合约每一交易日开市前5分钟进行，其中前4分钟为期货合约买、卖价格指令申报时间，后1分钟为集合竞价撮合时间，开市时产生开盘价。

（2）收盘价集合竞价在某品种某月份合约每一交易日收市前5分钟进行，其中前4分钟为期货合约买、卖价格指令申报时间，后1分钟为集合竞价撮合时间，收市时产生收盘价。

3. 交易系统自动控制集合竞价申报的开始和结束并在计算机终端上显示

集合竞价采用最大成交量原则，即以此价格成交能够得到最大成交量。高于集合竞价产生价格的买入申报全部成交；低于集合竞价产生价格的卖出申报全部成交；等于集合竞价产生价格的买入或卖出申报，根据买入申报量和卖出申报量的多少，按较少一方的申报量成交。

三、期货结算

（一）结算的概念

结算是指根据交易结果和交易所有关规定对会员交易保证金、盈亏、手续费、

交割货款和其他有关款项进行的计算、划拨。结算包括交易所对会员的结算和期货经纪公司对客户的结算，其计算结果将被计入客户的保证金账户。

（二）结算制度

期货交易所的结算实行保证金制度、每日无负债制度和风险准备金制度等。与期货市场的层次结构相适应，期货交易的结算也是分级、分层的。交易所只对会员结算，非会员单位和个人通过期货经纪公司结算。

1. 交易所对会员的结算

（1）每一交易日结束后，交易所对每一会员的盈亏、交易手续费、交易保证金等款项进行结算。其核算结果是会员核对当日有关交易并对客户结算的依据，会员可通过会员服务系统于每一交易日规定的时间内获得《会员当日平仓盈亏表》、《会员当日成交合约表》、《会员当日持仓表》和《会员资金结算表》。

（2）会员应及时获取交易所提供的结算结果，做好核对工作，并将之妥善保存。

（3）会员如对结算结果有异议，应在第二天开市前三十分钟以书面形式通知交易所。若在规定时间内会员没有对结算数据提出异议，则视为会员已认可结算数据的准确性。

（4）交易所在交易结算完成后，将会员资金的划转数据传递给有关结算银行。

2. 期货经纪公司对客户的结算

（1）期货经纪公司对客户的结算与交易所的方法一样，即每一交易日交易结束后对每一客户的盈亏、交易手续费、交易保证金等款项进行结算。交易手续费一般不低于期货合约规定的交易手续费标准的3倍，交易保证金一般高于交易所收取的交易保证金比例至少3个百分点。

（2）期货经纪公司在闭市后向客户发出交易结算单。

（3）当每日结算后，客户保证金低于期货交易所规定的交易保证金水平时，期货经纪公司按照期货经纪合同约定的方式通知客户追加保证金；客户不能按时追加保证金的，期货经纪公司应当将该客户部分或全部持仓强行平仓，直至保证金余额能够维持其剩余头寸。

（三）结算的基准

交易所对会员存入交易所专用结算账户的保证金实行分账管理，为每一会员设立明细账户，按日分时登记核算每一会员的出入金、盈亏、交易保证金、手续费等。

交易所实行保证金制度，保证金分为结算准备金和交易保证金。结算准备金设最低余额，在每日交易开始前，会员结算准备金余额不得低于此额度。若结算准备金余额大于零而低于结算准备金最低余额，不得开新仓；若结算准备金余额小于零，则交易所将按有关规定对其强行平仓。

交易保证金是指会员在交易所专用结算账户中确保合约履行的资金，是已被合约占用的保证金。当买卖双方成交后，交易所按持仓合约价值的一定比率向双方收取交易保证金。

交易所实行每日无负债结算制度。该制度是指每日交易结束后，交易所按当日结算价结算所有合约的盈亏、交易保证金及手续费、税金等费用，对应收应付的款项实行净额一次划转，相应增加或减少会员的结算准备金。

（四）结算公式

未平仓期货合约均以当日结算价作为计算当日盈亏的依据。

1. 当日盈亏可以分项计算

分项结算公式为：

当日盈亏＝平仓盈亏＋持仓盈亏

（1）平仓盈亏。

平仓盈亏＝平历史仓盈亏＋平当日仓盈亏

平历史仓盈亏＝$\sum$[（卖出平仓价－上一交易日结算价）×卖出量]
＋$\sum$[（上一交易日结算价－买入平仓价）×买入平仓量]

平当日仓盈亏＝$\sum$[（当日卖出平仓价－当日买入开仓价）×卖出平仓量]
＋$\sum$[（当日卖出开仓价－当日买入平仓价）×买入平仓量]

（2）持仓盈亏

持仓盈亏＝历史持仓盈亏＋当日开仓持仓盈亏

历史持仓盈亏＝（当日结算价－上一日结算价）×持仓量

当日开仓持仓盈亏＝$\sum$[（卖出开仓价－当日结算价）×卖出开仓量]
＋$\sum$[（当日结算价－买入开仓价）×买入开仓量]

(3) 当日盈亏可以综合成为总公式。

$$\text{当日盈亏}=\sum[(\text{卖出成交价}-\text{当日结算价})\times\text{卖出量}]+\sum[(\text{当日结算价}-\text{买入成交价})\times\text{买入量}]+\sum[(\text{上一交易日结算价}-\text{当日结算价})\times(\text{上一交易日卖出持仓量}-\text{上一交易日买入持仓量})]$$

2. 保证金余额的计算

$$\text{当日结算准备金}=\text{上一交易日结算准备金}+\text{入金}-\text{出金}+\text{上一交易日交易保证金}-\text{当日交易保证金}+\text{当日盈亏}-\text{手续费等}$$

3. 资金划转

当日盈亏在每日结算时进行划转，当日盈利划入会员结算准备金，当日亏损从会员结算准备金中扣划。当日结算时的交易保证金超过昨日结算时的交易保证金部分从会员结算准备金中扣划。当日结算时的交易保证金低于昨日结算时的交易保证金部分划入会员结算准备金。

手续费、税金等各项费用从会员的结算准备金中直接扣划。

四、期货交割

(一) 交割方式

(1)"集中性"交割，即所有到期合约在交割月份最后交易日过后一次性集中交割的交割方式。

(2)"分散性"交割，即除了在交割月份最后交易日过后所有到期合约全部配对交割外，在交割月第一交易日至最后交易日之间的规定时间也可进行交割的交割方式。

(二) 交割结算价

我国期货合约的交割结算价通常为该合约交割配对日的结算价或为该期货合约最后交易日的结算价。交割商品计价以交割结算价为基础，再加上不同等级商品质量升（贴）水以及异地交割仓库与基准交割仓库的升（贴）水。

五、实物交割程序

（一）第一交割日

（1）买方申报意向。买方在第一交割日内，向交易所提交所需商品的意向书，内容包括品种、牌号、数量及指定交割仓库名等。

（2）卖方交标准仓单。卖方在第一交割日内将已付清仓储费用的有效标准仓单交给交易所。

（二）第二交割日

交易所在第二交割日根据已有资源，按照“时间优先、数量取整、就近配对、统筹安排”的原则，向买方分配标准仓单。

不能用于下一期货合约交割的标准仓单，交易所按其占当月交割总量的比例向买方分摊。

（三）第三交割日

（1）买方交款、取单。买方必须在第三交割日 14:00 前到交易所交付货款并取得标准仓单。

（2）卖方收款。交易所在第三交割日 16:00 前将货款付给卖方。

（四）第四、第五交割日

卖方交增值税专用发票。

标准仓单在交易所进行实物交割的，其流转程序如下：

（1）卖方投资者背书后交卖方经纪会员。

（2）卖方经纪会员背书后交至交易所。

（3）交易所盖章后交买方经纪会员。

（4）买方经纪会员背书后交买方投资者。

（5）若买方非经纪会员，则买方投资者背书后至仓库办理有关手续。

（6）仓库或其代理人盖章后，若买方非经纪会员，则买方投资者可提货或转让。

六、交割违约的处理

（一）交割违约的认定

期货合约的买卖双方有下列行为之一的，构成交割违约：

（1）在规定交割期限内，卖方未交付有效标准仓单的。

（2）在规定交割期限内，买方未解付货款的或解付不足的。

（3）卖方交付的商品不符合规定标准的。

（二）交割违约的处理

会员在期货合约实物交割中发生违约行为，交易所应先代为履约。交易所可采用征购和竞卖的方式处理违约事宜，违约会员应负责承担由此引起的损失和费用。交易所对违约会员还可处以违约金、赔偿金等处罚。

当前国内商品期货市场主要交易的期货合约有：大连的黄大豆、豆粕、玉米，上海的铜（见表 4－2）、铝、天然橡胶和燃料油，以及郑州的小麦、强麦和棉花等。

表 4－2　　上海期货交易所阴极铜标准合约

交易品种	阴极铜
交易单位	5 吨/手
报价单位	元（人民币）/吨
最小变动价位	10 元/吨
每日价格最大波动限制	不超过上一交易日结算价±3％
合约交割月份	1—12 月
交易时间	上午 9:00—11:30　下午 1:30—3:00
最后交易日	合约交割月份的 15 日（遇法定假日顺延）
交割日期	最后交易日后连续五个工作日
交割品级	标准品：标准阴极铜，符合国标 GB/T467—1997 标准阴极铜规定，其中主成分铜加银含量不小于 99.95％ 替代品：高纯阴极铜，符合国标 GB/T467—1997 高纯阴极铜规定；或符合 BS EN 1978：1998 高纯阴极铜规定
交割地点	交易所指定交割仓库
最低交易保证金	合约价值的 5％
交易手续费	不高于成交金额的万分之二（含风险准备金）
交割方式	实物交割
交易代码	CU
上市交易所	上海期货交易所

第二节　常见规则和术语

1. 期货相关的交易制度

（1）保证金制度。在关于沪深 300 股指期货合约上市交易有关事项的通知中，

中金所规定股指期货近月合约保证金为15%，远月合约保证金为18%。

（2）每日无负债结算制度。每日无负债结算制度又称“逐日盯市”制度。简单地说，就是期货交易所要根据每日市场的价格波动对投资者所持有的合约计算盈亏并划转保证金账户中相应的资金。

（3）价格限制制度。涨跌停板制度主要用来限制期货合约每日价格波动的最大幅度。根据涨跌停板的规定，某个期货合约在一个交易日中的交易价格波动不得高于或者低于交易所事先规定的涨跌幅度，超过这一幅度的报价将被视为无效，不能成交。在一个交易日内，股指期货的涨幅和跌幅限制设置为10%。

（4）持仓限额制度。交易所为了防范市场操纵和少数投资者风险过度集中的情况，对会员和客户手中持有的合约数量上限进行一定的限制，这就是持仓限额制度。中金所将非套保交易的单个股指期货交易账户持仓限额由原先的600手调整为100手。进行套期保值交易和套利交易的客户号的持仓按照交易所有关规定执行。

（5）强行平仓制度。当交易所会员或客户的交易保证金不足并且未在规定时间内补足，或当会员或客户的持仓量超出规定的限额，或当会员或客户违规时，交易所为了防止风险进一步扩大，将对其持有的未平仓合约进行强制性平仓处理，这就是强行平仓制度。

（6）大户报告制度。大户报告制度是指当投资者的持仓量达到交易所规定的持仓限额时，应通过结算会员或交易会员向交易所或监管机构报告其资金和持仓情况。

（7）结算担保金制度。结算担保金是指由结算会员依交易所的规定缴存的、用于应对结算会员违约风险的共同担保资金。当个别结算会员出现违约时，在动用完该违约结算会员缴纳的结算担保金之后，可要求其他会员按比例共同承担该会员的履约责任。结算会员联保机制的建立确保了市场在极端行情下的正常运作。

2. 股指期货

股指期货（stock index futures）的全称是股票价格指数期货，又称股价指数期货、期指，是指以股价指数为标的物的标准化期货合约，合约双方约定在未来的某个特定日期，可以按照事先确定的股价指数大小进行标的指数的买卖。作为期货交易的一种类型，股指期货交易与普通商品期货交易具有基本相同的特征和流程。

3. 利率期货

利率期货是指以债券类证券为标的物的期货合约，它可以回避银行利率波动所引起的证券价格变动的风险。利率期货的种类繁多，分类方法也有多种。通常说来，按照合约标的的期限，利率期货可分为短期利率期货和长期利率期货两大类。

4. 外汇期货

外汇期货是指以汇率为标的物的期货合约，用来回避汇率风险。外汇期货是金融期货中最早出现的品种。目前，外汇期货交易的主要品种有美元、英镑、欧元、日元、瑞士法郎、加拿大元、澳大利亚元等。从世界范围看，外汇期货的主要市场在美国。

5. 期货贴水与期货升水

在某一特定地点和特定时间内，某一特定商品的期货价格高于现货价格称为期货升水；期货价格低于现货价格称为期货贴水。

6. 正向市场

在正常情况下，期货价格高于现货价格。

7. 反向市场

在特殊情况下，期货价格低于现货价格。

8. 持仓

交易者手中持有合约称为持仓。

9. 开仓

开仓是指期货交易者买入或者卖出期货合约的行为。

10. 平仓

平仓是指期货交易者买入或者卖出与其所持期货合约的品种、数量及交割月份相同但交易方向相反的期货合约，了结期货交易的行为。

11. 持仓量

持仓量是指期货交易者持有的未平仓合约的数量。

12. 成交价格

交易所计算机自动撮合系统将买卖申报指令以价格优先、时间优先的原则进行排序，当买入价不小于卖出价则自动撮合成交。撮合成交价等于买入价（bp）、卖出价（sp）和前一成交价（cp）三者中居中的一个价格，即

$bp \geqslant sp \geqslant cp \rightarrow$ 最新成交价 $= sp$

$bp \geqslant cp \geqslant sp \rightarrow$ 最新成交价 $= cp$

$cp \geqslant bp \geqslant sp \rightarrow$ 最新成交价 $= bp$

13. 强制减仓

强制减仓是指交易所将当日以涨跌停板价申报的未成交平仓报单，以当日涨跌

停板价与该合约净持仓盈利客户（或非经纪会员，下同）按持仓比例自动撮合成交。

14. 合约单位净持仓盈亏

合约单位净持仓盈亏是指客户对该合约的单位净持仓按其净持仓方向的持仓均价与当日结算价之差计算的盈亏。

15. 风险警示制度

当交易所认为有必要时，可以分别或同时采取要求报告情况、谈话提醒、发布风险提示函等措施中的一种或多种，以警示和化解风险。

16. 交易保证金

交易保证金是指会员在交易所专用结算账户中确保合约履行的资金，是已被合约占用的保证金。当买卖双方成交后，交易所按持仓合约价值的一定比率收取交易保证金。

17. 追加保证金

当客户的保证金少于一定数量时，经纪公司要求客户补足的部分称为追加保证金。

18. 浮动盈亏

未平仓头寸按当日结算价计算的未实现盈利或亏损。

19. 每日无负债结算制度

每日无负债结算制度又称“逐日盯市”制度，是指每日交易结束后，交易所按当日结算价结算所有合约的盈亏、交易保证金及手续费、税金等费用，对应收应付的款项实行净额一次划转，相应增加或减少会员的结算准备金。

20. 风险准备金

风险准备金是指由交易所设立，用于为维护期货市场正常运转提供财务担保和弥补因交易所不可预见风险带来的亏损的资金。

21. 当日盈亏

期货合约以当日结算价计算的盈利和亏损，当日盈利划入会员结算准备金，当日亏损从会员结算准备金中扣划。

22. 交割差价

最后交易日结算时，交易所对会员该交割月份持仓按交割结算价进行结算处理，产生的盈亏为交割差价。

23. 实物交割

实物交割是指期货合约到期时，根据交易所的规则和程序，交易双方通过该期货合约所载商品所有权的转移，了结未平仓合约的过程。

下面介绍实盘操盘技巧，即常用的期货交易方法。

（1）保持对于看好品种的中线持仓。

（2）对上述品种的轻量级日内惯性操作，一般连跌两波后做多，冲一波平仓；或连升两波做空，跌一波平仓。当出现意外情况（如出现单边行情），或者止损，或者换月反向开仓，并根据实际情况进行远近的选择及多空配比。

（3）对于可能转势的品种（如天胶），先选择顺势开仓，在获利情况下可当日平仓；如未获利，则在收盘前换月锁仓。

（4）对于新进入视野的品种（如玉米），先小规模做多，一旦有方向感则立即增仓。

（5）做短线的品种最好选择隔月价差较大的品种，以便在不利情况发生时换月锁仓。

（6）在技术上重视通道对于该品种的牵引作用以及通道的有效性和有效期问题。

（7）不论当日交易顺利与否，在收盘前尽量将保证金控制在 2/3 以下。若有对冲头寸，则剔除对冲因素的保证金应控制在 1/2～2/3。

（8）不能只关注一类品种，这样可能会失去全局感。

（9）不论出现什么情况，都必须以最快的速度适应价格及方向的改变，绝不吊死在一棵树上。

（10）一般来说，不主观判定短线上涨和下跌目标，顺势而为，但不排斥对中期的价格认识。

（11）适当运用 K 线组合的知识，但不作为唯一的操作依据。

（12）远离无趋势品种，尤其是与工业及新能源产业无关的品种。

（13）对于方向明确的商品，敢于立即介入。

（14）风险与收益并存，要获利就必须敢于冒险，前提是在操作前尽可能多地了解介入品种的基本面及技术特征。

第5章 期　权

期权（options）是一种选择权，期权的买方向卖方支付一定数额的期权费后，就获得了这种权利，即拥有在一定时间内以一定的价格（执行价格）出售或购买一定数量标的物（实物商品、证券或期货合约）的权利（即期权交易）。期权的买方行使权利时，卖方必须按期权合约规定的内容履行义务；相反，买方可以放弃行使权利，此时买方只是损失期权费，同时卖方赚取期权费。总之，期权的买方拥有执行期权的权利，无执行的义务；而期权的卖方有履行期权的义务。

1. 期权的分类

期权按不同的标准可分为不同的种类。按期权合约的性质可分为看涨期权、看跌期权和双期权；按期权合约的执行方式可分为美式期权和欧式期权；按期权合约的交割内容可分为指数期权、外币期权、利率期权和期货期权。

2. 期权合约的基本因素

期权合约是指期权买方向期权卖方支付了一定数额的期权费后，即获得在规定的期限内按事先约定的执行价格买进或卖出一定数量相关商品期货合约权利的一种标准化合约。期权合约的构成要素主要有买方、卖方、期权费、执行价格、通知和到期日等。

3. 期权履约

期权的履约有以下三种情况：

（1）买卖双方都可以通过对冲的方式履约。

（2）买方也可以通过将期权合约转换为期货合约的方式履约（在期权合约规定的执行价格水平获得一个相应的期货部位）。

（3）任何期权到期不用，自动失效。如果期权是虚值期权，期权买方就不会行使期权，直至到期任期权失效。这样，期权买方最多损失所交的期权费。

第一节　基本操作说明

一、期权交易流程

1. 期权交易指令

期权交易指令的主要项目包括：

（1）开仓或平仓。

（2）买进或卖出。

（3）执行价格。

（4）合约月份。

（5）交易代码。

（6）看涨期权或看跌期权。

（7）合约数量。

（8）期权费。

（9）指令种类。

指令种类分为市价指令、限价指令和取消指令等。

某客户发出交易指令，买进或卖出一份期权合约，经纪公司接受指令，并将其传送到交易所。

交易者发出交易指令时，很重要的一点是选择执行价格。选择执行价格的一个重要方面是交易者对后市的判断。对于买进看涨期权来说，执行价格越高，看涨预期越大。对于买进看跌期权来说，执行价格越低，看跌预期越大。

2. 下单与成交

（1）交易者向其经纪公司发出下单指令，说明要买进或卖出的期权数量、看涨期权或看跌期权以及期权的执行价格、到期月份、交易指令种类、开仓或平仓等。

(2) 交易指令通过计算机按照成交原则撮合成交。期权费的竞价原则与期货合约的竞价原则相同，即价格优先、时间优先的竞价原则。计算机撮合系统首先按照竞价原则分买入和卖出指令进行排序，当买价不小于卖价则自动撮合成交，撮合成交价等于买价、卖价和前一成交价三者中居中的一个价格。

例如，客户甲发出指令“以市价买入（开仓）10手3月份到期、执行价格为1 600元/吨的小麦看涨期权”，而客户乙发出指令“以20元期权费卖出10手3月份到期、执行价格为1 600元/吨的小麦看涨期权”，那么甲、乙的指令通过计算机就会撮合成交。

(3) 会员经纪公司将成交信息告知交易者。

二、业务操作

1. 买进看涨期权

若交易者买进看涨期权，而后市场价格果然上涨，且升至执行价格之上，则交易者可执行期权并获利。从理论上说，价格可以无限上涨，所以买入看涨期权的盈利在理论上是无限大的。若期权到期一直未升到执行价格之上，则交易者可放弃期权，其最大损失为期权费。

2. 买进看跌期权

若交易者买进看跌期权，而后市场价格果然下跌，且跌至执行价格之下，则交易者可执行期权并获利。由于价格不可能跌到负数，所以买入看跌期权的最大盈利为执行价格减去期权费之差。若期权到期一直在执行价格之上，则交易者可放弃期权，其最大损失为期权费。

3. 卖出看涨期权

若交易者卖出看涨期权，在期权到期日之前没能升至执行价格之上，则作为看涨期权的买方将会放弃期权，而看涨期权的卖方就会取得期权费的收入；反之，看涨期权的买方将会要求执行期权，期权的卖方将损失市场价格减去执行价格和期权费的差。

需要注意的是，作为期权卖出方，其最大盈利为期权费。

4. 卖出看跌期权

若交易者卖出看跌期权，在期权到期日之前没能跌至执行价格之下，则作为看跌期权的买方将会放弃期权，而看跌期权的卖方就会取得期权费的收入；反之，看跌期权的买方将会要求执行期权，期权的卖方将损失执行价格减去市场价格和期权费的差。

需要注意的是，作为期权卖出方，其最大盈利为期权费。

下面以看涨期权为例进行说明：

1月1日，标的物是铜期货，它的期权执行价格为1 850美元/吨。A买入这个权利，付出5美元；B卖出这个权利，收入5美元。2月1日，铜期货市价上涨至1 905美元/吨，看涨期权的价格涨至55美元。

A可采取两个策略：

(1) 行使权利。A有权按1 850美元/吨的价格从B手中买入铜期货；B在A提出这个行使期权的要求后必须予以满足，即便B手中没有铜，也只能以1 905美元/吨的市价在期货市场上买入而以1 850美元/吨的执行价格卖给A，而A可以1 905美元/吨的市价在期货市场上抛出，获利50美元。在这种情况下，B损失50美元。

(2) 售出权利。A可以55美元的价格售出看涨期权，A获利50美元（=55−5）。

如果铜价下跌，即铜期货市价低于执行价格1 850美元/吨，A就会放弃这个权利，只损失5美元期权费。在这种情况下，B净赚5美元。

第二节　常见规则和术语

1. 执行价格

执行价格是期权合约规定好的价格，不论将来期货价格涨得多高、跌得多深，期权交易方都有权利以执行价格买入或卖出。

2. 期权费

期权费就是期权的价格，是买方支付给卖方的价款，由市场竞价决定。影响期权费高低的因素包括执行价格、期货市价、到期日的长短、期货价格波动率、无风险利率及市场供需力量等。

3. 到期日

到期日就是期权生命中的最后一日。对于欧式期权，是买方唯一可以行使权利的一天；对于美式期权，则是买方可以行使权利的最后一日。

4. 欧式期权与美式期权

期权的履约方式包括欧式期权、美式期权两种。欧式期权的买方在到期日前不可行使权利，只能在到期日行权。美式期权的买方可以在到期日或之前任一交易日提出执行。很明显，美式期权的买方“权利”相对较大，美式期权的卖方风险相应也较大。因此，在同样条件下，美式期权的价格相对较高。

5. 期权合约代码

期权合约代码为品种＋月份＋看涨/看跌期权＋执行价格。看涨期权和看跌期权分别用C、P表示。C为看涨期权英文call的首字母，P为看跌期权英文put的首字母。

第三节 其他常见规则

一、交易单位的规定

1. A股股票

以手为交易单位，1手＝100股，买入股票的最低起点为1手（即100股），超过1手则必须为1手的整数倍，即200股、800股、1 000股等，除此以外为无效委托，不予受理。例如，250股、371股等均为无效委托。配股买入时则不受此规定限制，可根据实际配股数进行申报，如买入251股配股。卖出股票也不受该规定限制，比如某投资者拥有四川长虹1 000股，可以分358股和642股两次卖出。A股股票的计价单位为1股，而价格波动以0.01元为基本变动单位。

2. B股股票

上海证券交易所以1 000股为1个交易单位，采用的报价和结算币种为美元，计价单位为1股，价格变动的最小单位为0.002美元。深圳证券交易所以100股为1个交易单位，报价和结算币种为港元，计价单位为1股，价格变动的最小单位为0.01港元。

3. 基金

以手为交易单位，1手＝100份基金单位，其买卖规则同A股股票。

4. 债券

以手为单位，1手＝1 000元面值，无论买卖，每笔最低限额为1手（即1 000

元面值），超过 1 手则必须是 1 手的整数倍，如 2 手、5 手等。债券的计价单位为 100 元面值，价格波动的基本单位为 0.01 元。

二、申购、赎回的原则

1. 股票、债券基金的申购、赎回原则

(1)"未知价"交易原则。投资者在申购、赎回时并不能即时获知买卖的成交价格。

(2)"金额申购、份额赎回"原则。申购以金额申请，赎回以份额申请。

2. 货币市场基金的申购、赎回原则

(1)"确定价"原则。申购、赎回基金份额价格以 1 元人民币为基准进行计算。

(2)"金额申购、份额赎回"原则。申购以金额申请，赎回以份额申请。

本章思考题

1. 股票和债券的区别是什么？
2. 期货和期权的区别是什么？
3. 基金的分类有哪些？

第二部分

证券投资实验基本方法

本部分介绍了证券投资实践工作中常用的几种证券投资的分析方法。基本分析主要是根据对影响供需关系种种因素的分析来预测股价走势，而技术分析则是根据股价本身的变化来预测股价走势。技术分析的基本观点是：所有股票的实际供需量及其背后起引导作用的种种因素，包括股票市场上每个人对未来的希望、担心、恐惧等，都集中反映在股票的价格和交易量上。

第6章 基本分析

证券投资的基本因素分析主要包括三部分内容：

（1）宏观经济因素分析。

（2）行业分析与区域分析。

（3）公司基本面分析与财务分析。

第一节　宏观经济因素分析

一、宏观经济因素分析的概念

宏观经济走势是影响证券市场大盘走势的最基本因素。证券市场是整个国民经济的重要组成部分，它在宏观经济的大环境中发展，同时又服务于国民经济的发展。从根本上说，股市的运行与宏观经济的运行应当是一致的，经济的周期决定股市的周期，股市周期的变化反映了经济周期的变动。宏观经济因素分析是指在市场经济的条件下，对国家调节经济的财政政策、货币政策、失业率、国际收支等进行分析。

二、宏观经济因素分析的主要内容

（1）国内生产总值与经济增长率。

（2）失业率。

（3）通货膨胀率。

（4）利率。

（5）汇率。

（6）财政收支。

（7）国际收支。

（8）固定资产投资规模。

三、经济周期分析

（一）经济周期的概念

经济周期（business cycle）又称商业周期、景气循环，是指经济运行中周期性出现的经济扩张与经济紧缩交替更迭、循环往复的一种现象。经济周期是国民收入或者总体经济活动扩张与紧缩的交替或周期性的波动变化。一个经济周期通常表现为衰退、萧条、复苏和繁荣四个阶段。

（二）股价波动与经济周期的关系

在市场经济与金融市场高度发达的国家中，经济周期与证券市场波动之间存在着相当密切的关系。一般认为，股市周期的变动比经济周期的变动约提前半年，当然这不是绝对的。

一般来说，在经济衰退时期，股票价格会逐渐下跌；到危机时期，股价跌至最低点；而经济复苏开始时，股价又会逐步上升；到繁荣时，股价则上涨至最高点。这种变动的具体原因是，当经济开始衰退之后，企业的产品滞销、利润相应减少，致使企业减少产量，从而导致股息、红利也随之不断减少，持股的股东因股票收益不佳而纷纷抛售，使股票价格下跌。当经济衰退已经达到经济危机时，整个经济生活处于瘫痪状况，大量的企业倒闭，由于股票持有者对形势持悲观态度而纷纷卖出手中的股票，从而使整个股市价格大跌，市场处于萧条和混乱之中。经济周期经过最低谷之后又出现缓慢复苏的势头，随着经济结构的调整，商品开始有一定的销售量，企业又能给股东分发一些股息、红利，股东慢慢觉得持股有利可图，于是纷纷购买，使股价缓缓回升；当经济由复苏达到繁荣阶段时，企业的商品生产能力与产量大增，商品销售状况良好，企业开始大量盈利，股息、红利相应增多，股票价格上涨至最高点。

当然，也有例外现象不时发生。例如，一般情况是企业收益有希望增加或由于企业扩大规模而希望增资的景气时期，资金会大量流入股市。但在萧条时期，也会出现资金不是从股市流走，而是流进股市，尤其是政府为了促进景气而扩大财政支出，公司因为设备过剩不会进行新的投资，因而拥有大量闲置货币资本。一旦这些资本流入股市，则股市的买卖和价格上升就与企业收益无关，而是带有一定的投机性。此外，投资股票除了要洞悉整个市场的趋势外，还要了解不同种类的股票在不同市况中的表现，有的股票在上涨趋势初期有优异的表现，如能源、(机械、电子)设备等类股票；有的却能在下跌趋势的末期展现较强的抗跌能力，如公用事业股、消费弹性较小的日用消费品部门的股票。总之，投资者还应该考虑各类股票本身的特性，以便在不同的市况下做出具体选择。

我们应当看到，经济周期影响股价变动，但两者的变动周期又不是完全同步的。通常说来，不管在经济周期的哪一个阶段，股价变动总是比实际的经济周期变动要领先一步。也就是说，在衰退以前，股价已开始下跌，而在复苏之前，股价已经回升；经济周期未步入高峰阶段时，股价已经见顶；经济仍处于衰退期间，股市已开始从谷底回升。这是因为股价的涨落包含着投资者对经济走势变动的预期和投资者的心理反应等因素。

四、经济政策分析

经济政策是政府为了达到充分就业、价格稳定、经济持续均衡增长和国际收支平衡等经济目的而在经济事务中有意识的干预。

(一) 财政政策分析

财政政策的手段主要包括税收、国债、购买性支出和财政转移支付等手段。财政是国家为实现其职能的需要而对一部分社会产品进行的分配活动，体现着国家与有关方面发生的经济关系。财政投资的重点对企业业绩的好坏有很大影响。如果政府采取产业倾斜政策，重点向交通、能源、基础产业投资，则这类产业的股票价格就会受到影响。直接受到财政支出增减影响的是与财政有关的企业，比如与电气、通信、房地产有关的产业。因此，每个投资者应了解财政实施的重点。股价发生变化的时点通常是在政府的预算原则和重点施政还未发表前，或者是在预算公布之后的初始阶段。因此，投资者对国家财政政策的变化也必须给予密切的关注，关心财政政策变动的初始阶段，适时做出买入和卖出的决策。

（二）货币政策分析

1. 扩张性货币政策

(1) 央行实行扩张性货币政策时，公众手中将持有更多的货币，在替代效应的作用下，公众会增加以股票为代表的金融资产的配置。新增货币追逐既定数量的股票，会促使股市繁荣，推升股票市场的整体价格水平。

(2) 宽松的货币政策使企业的融资需求易于得到满足，这一方面有利于企业扩大对金融领域的投资，另一方面也降低了股东，特别是企业"大小非"通过减持股票获取资金的意愿；两者的共同作用也会促使股价上升。

(3) 扩张性的货币政策会提升公众对未来通货膨胀的预期，为了实现资产的保值与增值，公众会增持股票资产以抵御通货膨胀风险，进而推动股票价格上升。

(4) 中国股市历来是一个资金加情绪推动的市场，宽松的货币政策会增强公众对未来经济增长的信心，基于对未来利润回报的良好预期，公众也会增持股票，提升股价水平。

(5) 从股票的内在价值看，扩张性货币政策所带来的通货膨胀预期会降低实际利率水平，在与良好的利润回报相结合后，两者会提升股票的内在价值和估值水平，从而在理论上为股票价格的上扬提供有力的支撑。

2. 紧缩性货币政策

在央行实施紧缩性货币政策时，股票价格理论上会做出相反的变动。

当然，由于货币政策的制定、实施存在时滞效应，金融市场的不完全性依然存在，加之股票价格的变动通常具有先行性，因而在实际运行中，这些因素都会使货币政策对股市的短期影响不一定遵循"规则"。

五、政治因素分析

(1) 国内政治局势。

(2) 国际政治局势。

(3) 法律体系的完善程度。

(4) 战争、自然灾害与其他突发事件。

第二节 行业分析

一、行业分析的概念和意义

行业分析有助于确定所投资的行业在整个经济中的地位，为投资者指出投资的具体领域，确定明确的投资热点；有利于确定产业政策对投资的影响；有利于避免经济周期。

1. 道琼斯分类法

道琼斯分类法是指在19世纪末为选取在纽约证券交易所上市的有代表性的股票而对各公司进行的分类，它是证券指数统计中最常用的分类法之一。道琼斯分类法将大多数股票分为三类：工业、运输业和公用事业。

2. 标准行业分类法

为了汇总各国的统计资料进行对比，联合国经济和社会事务统计局曾制定了一个《全部经济活动国际标准行业分类》，简称《国际标准行业分类》，建议各国采用。它把国民经济划分为10个门类，对每个门类再划分大类、中类、小类。

3. 我国国民经济行业的分类

我国国民经济行业分类新、旧结构对照表见表6-1。

表6-1　　国民经济行业分类新、旧结构对照表

GB/T 4754—2017				GB/T 4754—2011			
门类	大类	中类	小类	门类	大类	中类	小类
A农、林、牧、渔业	5	24	72	A农、林、牧、渔业	5	23	60
B采矿业	7	19	39	B采矿业	7	19	37
C制造业	31	179	609	C制造业	31	175	532
D电力、热力、燃气及水生产和供应业	3	9	18	D电力、热力、燃气及水生产和供应业	3	7	12
E建筑业	4	18	44	E建筑业	4	14	21
F批发和零售业	2	18	128	F批发和零售业	2	18	113
G交通运输、仓储和邮政业	8	27	67	G交通运输、仓储和邮政业	8	20	40
H住宿和餐饮业	2	10	16	H住宿和餐饮业	2	7	12
I信息传输、软件和信息技术服务业	3	17	34	I信息传输、软件和信息技术服务业	3	12	17

续前表

GB/T 4754—2017				GB/T 4754—2011			
门类	大类	中类	小类	门类	大类	中类	小类
J 金融业	4	26	46	J 金融业	4	21	29
K 房地产业	1	5	5	K 房地产业	1	5	5
L 租赁和商务服务业……	2	12	58	L 租赁和商务服务业……	2	11	39
M 科学研究和技术服务业	3	19	48	M 科学研究和技术服务业	3	17	31
N 水利、环境和公共设施管理业	4	18	33	N 水利、环境和公共设施管理业	3	12	21
O 居民服务、修理和其他服务业	3	16	32	O 居民服务、修理和其他服务业	3	15	23
P 教育	1	6	17	P 教育	1	6	17
Q 卫生和社会工作…	2	6	30	Q 卫生和社会工作…	2	10	23
R 文化、体育和娱乐业…	5	27	48	R 文化、体育和娱乐业…	5	25	36
S 公共管理、社会保障和社会组织	6	16	34	S 公共管理、社会保障和社会组织	6	14	25
T 国际组织	1	1	1	T 国际组织	1	1	1
合计	97	473	1 381	合计	96	432	1 094

4. 中国证监会《上市公司行业分类指引》

(1) 上证指数分类法。上海证券交易所为编制新的沪市成分指数，将全部上市公司分为五类，即工业、商业、地产业、公用事业和综合类，并分别计算和公布各分类股价指数。

(2) 深证指数分类法。深圳证券交易所也将在深市上市的全部公司分成六类，即工业、商业、金融业、地产业、公用事业和综合类，同时计算和公布各分类股价指数。需要注意的是，我国的两个证券交易所为编制股价指数而对产业进行的分类显然是不完全的，这与我国证券市场的发展状况有关。

二、行业的经济结构分析

根据国民经济中各行业的厂商数量、产品性质、厂商的价格控制能力和其他一些因素，可以把各行业划分为完全竞争、垄断竞争、寡头垄断和完全垄断四种经济结构，见表 6-2。

表 6-2　行业的四种经济结构

	完全竞争	垄断竞争	寡头垄断	完全垄断
厂商数量	很多	较多	很少	一个
产品差异程度	同质无差异	部分差异	同质，或略有差异	无替代的唯一产品
价格控制能力	没有	较小	较大	很大，但常受政府管制
生产要素的流动性	自由流动	流动性较大	流动性较小	没有流动性
现实中接近的行业	农业	零售业	汽车制造业	公用事业

三、经济周期与行业分析

根据经济周期与行业发展的相互关系，可将行业划分为：

(1) 增长性行业。

(2) 周期性行业。

(3) 防御性行业。

四、行业演变及行业集中趋势分析

一般来说，行业的生命周期可分为初创期、成长期、稳定期和衰退期四个阶段，在不同的发展阶段，各行业呈现出不同的特点，见表 6-3。

表 6-3　行业的生命周期

	初创期	成长期	稳定期	衰退期
厂商数量	很少	增多	减少	很少
价格水平	很低	上升	稳定	下降
竞争手段	没有	价格手段	非价格手段	没有
市场需求	很小	增加	稳定	下降
利润额	亏损	增加	较高	减少
投资风险	较高	较高	减少	较低

五、区域分析与区域板块效应

(一) 区域分析

(1) 区域内的自然和基础条件。

(2) 区域内政府的产业政策和其他相关的经济支持。

(3) 区域内的比较优势和特色。

（二）区域板块效应

区域板块效应是指同一地区内的上市公司，由于所处的政策与区域环境具有同一性，市场普遍预期这个地区的相关上市公司可能共同受益于特定的政策与环境变化，从而导致其股票价格在二级市场上产生联动变化。

第三节　公司分析

宏观经济与政策分析、行业分析只是证券投资决策的前两步分析工作，对投资者来说，更重要的是在前两步的基础上进行具体的公司分析，以选择合适的公司作为具体的投资对象。事实上，每个行业都包含着诸多公司，每个公司又各有特色，如规模大小、财力强弱、技术水平高低、经营管理优劣等，都是千差万别的。显然，投资者不能仅根据宏观经济与政策分析和行业分析来确定应该对选定行业中的哪家公司进行投资，而需要对行业中的各个公司进行具体的分析。通过对候选对象的背景资料、业务资料、财务资料的分析，从整体上了解公司，以便筛选出最适合投资的公司，获得最佳投资收益。

公司分析是对公司整体经营情况的分析。不同企业在经营规模、市场实力、经营能力、盈利状况等诸多方面存在巨大差异。公司分析从内容上讲可分为两部分：第一部分为公司基本面分析，实际上就是定性分析；第二部分为财务分析，由于财务分析要用到上市公司的财务指标，所以是定量分析。

一、公司基本面分析

（一）公司行业地位分析

行业地位分析的目的是判断企业在行业中的竞争地位，如是否为领导型企业、在价格上是否具有影响力、是否有竞争优势等。在大多数行业中，无论其行业平均盈利能力如何，总有一些企业比其他企业具有更强的获利能力。企业的行业地位决定了其盈利能力是高于还是低于行业平均水平，衡量企业行业竞争地位的主要指标有产品的市场占有率和行业综合排名等。

市场占有率是指一个企业的产品销售量占该类产品整个市场销售总量的比例。企业的市场占有率是利润之源。市场占有率越高，表示企业的经营能力和竞争力越

强，企业的销售和利润水平越好、越稳定。效益好并能长期存在的企业，其市场占有率必然是长期稳定并呈增长趋势的。

(1) 行业内现有竞争者。

1) 行业内竞争的基本情况。

2) 主要竞争者的实力。

3) 竞争者的发展方向。

(2) 潜在竞争者。

1) 现有企业可能做出的反应。

2) 由行业特点决定的进入难易程度。

(3) 替代品制造商。

(4) 顾客。

1) 需求潜力的研究。

2) 顾客讨价还价能力的研究。

(5) 供应商。

1) 供应商所处行业的集中程度。

2) 企业是否有其他的供货渠道。

3) 寻找替代品的可能性。

4) 企业后向一体化或供应商前向一体化的可能性。

图 6-1 为公司行业地位分析。

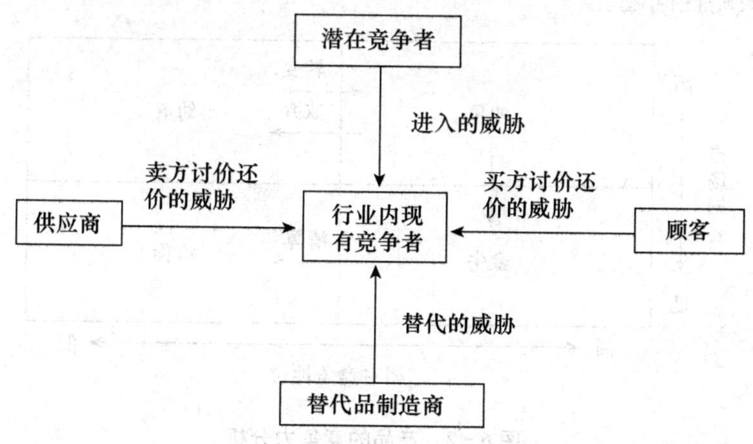

图 6-1　公司行业地位分析

（二）公司经济区位分析

区位或者说经济区位是指地理范畴上的经济增长带或经济增长点及其辐射范围。区位是资本、技术和其他经济要素高度积聚的地区，也是经济快速发展的地区。区位的自然和基础条件包括矿产资源、水资源、能源、通信设施等，它们在区位经济发展中起着重要作用，也对区位内上市公司的发展起着重要的限制或促进作用。分析区位的自然条件和基础条件，有利于分析该区位内上市公司的发展前景。如果上市公司所从事的行业与当地的自然和基础条件不符，其发展可能会受到很大的制约。

（三）产品竞争力分析

企业的最终目的就是获得利润，而要获得利润就要把产品卖出去，因此产品的竞争力分析是公司分析非常重要的一个方面，见图 6-2。产品的竞争力包括成本、技术、质量和品牌等几个方面。

对产品及市场的分析常常采用经营业务组合分析法。

企业比较理想的经营业务组合情况应该是：企业有较多的“明星”类和“金牛”类业务，同时有一定数量的“幼童”类业务和极少量的“瘦狗”类业务。这样，企业在当前和未来都可以取得比较好的现金流量平衡。不然的话，如果产生现金的业务少，而需要投资的业务过多，企业发展就易陷入现金不足的陷阱；或者相反，企业目前并不拥有需要重点投入资金予以发展的前景业务，则企业就面临发展潜力不足的战略性问题。

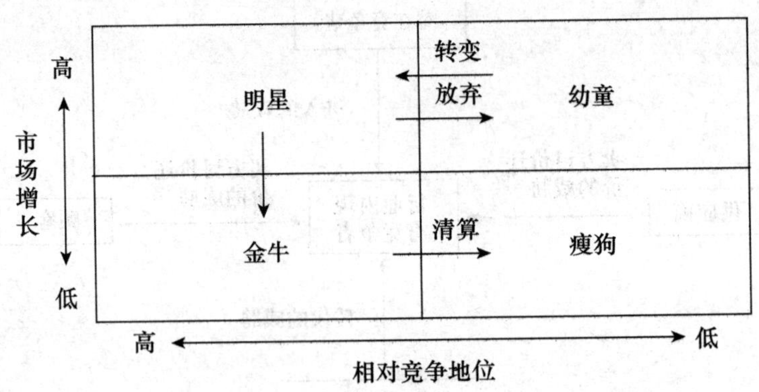

图 6-2 产品的竞争力分析

（四）公司发展战略分析

企业的发展战略支配着企业的发展，预示着企业的前景；发展战略是企业面对激烈的市场变化和严峻的挑战，为求得长期生存和不断发展而进行的总体谋划。它是企业战略思想的集中体现，是企业经营范围的科学规定，同时又是制定规划的基础。企业的发展战略是在符合和保证实现企业使命的条件下，在充分利用环境中存在的各种机会和创造新机会的基础上，确定企业与环境的关系，规定企业从事的经营范围、成长方向和竞争对策，合理地调整企业的产业结构和分配企业资源。企业的发展战略具有全局性、长远性和纲领性的特点，从宏观上规定了企业的成长方向、成长速度及其实现方式。企业的发展战略主要有产品发展战略、营销发展战略和人才发展战略。

（五）管理层经营能力分析

一个企业的兴衰与管理层的素质和开拓精神密切相关。管理层的经营能力直接影响企业的盈利能力和长期发展，是投资者在选择投资对象时必须考虑的因素之一。在很多情况下，对企业的投资就是对企业管理层的投资，就是对管理层的认同。良好的管理层是企业最有价值的资产，能干的经理能使企业朝着正确的方向发展，增加企业的价值，而庸碌经理不明智或不必要的投资行为，则会减少企业的价值。管理层经营能力的分析可以从管理层的学历、经历和品德等方面来进行。

（六）公司治理结构分析

在资本市场上，一个公司治理结构健全的公司可以得到投资者的青睐，可以比较容易地以较低成本筹集到较大数额的资金，从而较快地发展自己。而公司治理结构不健全的公司难以取得投资者的信任，其筹资成本相对较高，公司当然会在竞争中处于不利的地位。因此，企业之间的竞争在一定程度上就是公司治理结构的较量。

公司治理结构是一套制度安排，用以支配在企业组织中有重大利害关系的投资人、经理人和职工之间的关系，并从这种联盟中实现经济利益。公司治理结构的核心问题包括：如何配置和行使控制权；如何监督和评价董事会、经理人员和职工；如何设计和实施激励机制。

（七）公司主要股东分析

股东是公司的所有者，股东的构成及行为方式也能影响到公司的经营状况。股东大会是公司的权力机构，决定公司的经营方针和投资计划，而主要股东的意见在股东大会中有决定性的作用。主要股东是指持股比例排名靠前的股东。我国上市公司的主要股东大致有国有股东、民营股东和机构投资者，机构投资者一般不参与公司的管理决策，但对市场有较大的影响力，如券商、基金和 QFII 等。我们可以将主要股东分为管理股东和策略股东：管理股东对上市公司的发展有决定意义；策略股东对股票价格的波动有重要的影响。

二、公司财务报表分析

财务报表分析是公司分析中的最主要部分。财务报表分析是指以财务报表及其他资料为依据和起点，采用专门的方法，系统分析和评价公司的过去和现在的经营成果、财务状况及其变动，目的是了解过去、评价现在、预测未来。财务报表分析的基本功能是将大量的报表数据转换成对决策有用的信息，以减少决策的不确定性。

财务报表是投资者了解上市公司生产经营状况最重要的信息来源，也是投资者对公司未来发展趋势做出预测的重要依据。因此，对投资者而言，学会如何利用上市公司提供的财务报表获得有用的信息是极为重要的。投资者为决定是否投资，要分析公司的资产盈利能力；为决定是否转让股份，要分析公司的发展前景；为考察公司高级管理人员的绩效，要分析公司的竞争能力；为预测公司的股利分配，要分析公司的投融资状况等。

财务报表只能反映公司过去的经营成果和财务状况，当投资者得到这些数据时，可以说已时过境迁。因此，投资者不仅要研读财务报表，还应随时从正式的新闻媒体上获取有关上市公司的最新资料，再结合财务报表的数据，进行正确的分析和投资。

本部分的内容在财务管理课程中学习过，因此本书只是简单介绍一下。

（一）财务报表分析概述

财务报表分析的起点是财务报表，分析使用的数据大部分来源于公开发布的财务报表。最基本的财务报表就是资产负债表、利润表和现金流量表。财务报表的各个组成部分是相互联系的，它们从不同的角度说明了企业的财务状况、经营成果和现金流量情况。资产负债表主要反映企业的财务状况；利润表主要提供企业的经营成果，即盈利或亏损的情况；现金流量表反映企业现金及现金等价物的来源、运用以及增减变动的原因等。财务报表分析是把整个财务报表的数据分成不同的指标，并找出有关指标的关系，以达到认识企业偿债能力、盈利能力和抵抗风险能力的目的。财务报表分析也很重视综合，在分析的基础上从总体上把握企业的经营能力。

1. 财务报表分析的内容

财务报表分析的内容包括资产负债表、利润分配表和现金流量表。

2. 财务报表分析的目的

财务报表分析的目的包括：决定是否投资，需要分析企业的资产和盈利能力；决定是否转让股份，需要分析企业的盈利状况、股价的变动和公司的发展前景；考查经营者的业绩，需要分析资产的盈利水平、破产风险和企业的竞争能力；决定股利分配政策，需要分析筹资状况。

3. 财务报表分析的方法

(1) 比较分析法，是对两个或几个有关的可比数据进行对比，揭示差异和矛盾。

(2) 因素分析法，是依据分析指标和影响因素的关系，从数量上确定各因素对指标的影响程度。

因素分析法具体分为：

1）差额分析法。

2）指标分解法。

3）连环替代法。

4）定基替代法。

(二) 财务比率分析

1. 偿债能力分析

偿债能力是企业以其资产偿还债务的能力，包括偿还短期债务和偿还长期债务两个方面。

(1) 短期偿债能力分析。

1）流动比率。流动比率是流动资产除以流动负债的比值，其计算公式为：

$$流动比率=\frac{流动资产}{流动负债}$$

2）速动比率。速动比率是从流动资产中扣除存货部分，再除以流动负债的比值，其计算公式为：

$$速动比率=\frac{流动资产-存货}{流动负债}$$

(2) 长期偿债能力分析。

1）资产负债率。

$$资产负债率=\frac{负债总额}{资产总额}$$

2）已获利息倍数。

$$已获利息倍数=\frac{息税前利润}{利息费用}$$

2. 营运能力分析

营运能力比率是用来衡量公司在资产管理方面效率的财务比率，又称资产管理比率。

（1）存货周转率。

$$存货周转率=\frac{销售成本}{平均存货}$$

$$存货周转天数=\frac{360}{存货周转率}=\frac{平均存货\times 360}{销售成本}$$

（2）应收账款周转率。

$$应收账款周转率=\frac{销售收入}{平均应收账款}$$

$$应收账款周转天数=\frac{360}{应收账款周转率}=\frac{平均应收账款\times 360}{销售收入}$$

（3）流动资产周转率。

$$流动资产周转率=\frac{销售收入}{平均流动资产}$$

（4）固定资产周转率。固定资产周转率是销售收入与全部固定资产的平均余额的比值，其计算公式为：

$$固定资产周转率=\frac{销售收入}{平均固定资产}$$

（5）总资产周转率。总资产周转率是销售收入与平均资产总额的比值，其计算公式为：

$$总资产周转率=\frac{销售收入}{平均资产总额}$$

3. 盈利能力分析

盈利能力就是企业赚取利润的能力。不论是投资人还是债权人，都日益重视和关心企业的盈利能力。

(1) 销售毛利率。

$$销售毛利率=\frac{销售收入-销售成本}{销售收入}\times 100\%$$

(2) 销售净利率。

$$销售净利率=\frac{净利润}{销售收入}\times 100\%$$

(3) 资产净利率。

$$资产净利率=\frac{净利润}{平均资产总额}\times 100\%$$

(4) 净资产收益率。

$$净资产收益率=\frac{净利润}{平均净资产}\times 100\%$$

4. 上市公司财务比率分析

(1) 每股收益分析。

$$每股收益=\frac{净利润}{年末普通股股份总数}$$

$$每股股利=\frac{股利总额}{年末普通股股份总数}$$

$$股利支付率=\frac{普通股每股股利}{普通股每股收益}\times 100\%$$

$$股票获利率=\frac{普通股每股股利}{普通股每股市价}\times 100\%$$

$$市盈率(倍数)=\frac{普通股每股市价}{普通股每股收益}$$

(2) 每股净资产与市净率。

$$每股净资产=\frac{年度末股东权益}{年度末普通股股数}$$

$$市净率=\frac{每股市价}{每股净资产}$$

5. 现金流量分析

(1) 结构分析。现金流量的结构分析包括流入结构、流出结构和流入流出比分析。

（2）流动性分析。

$$现金到期债务比=\frac{经营现金净流入}{本期到期的债务}$$

$$现金债务总额比=\frac{经营现金净流入}{债务总额}$$

（3）获取现金能力分析。

$$销售现金比率=\frac{经营现金净流入}{销售额}$$

$$每股营业现金净流量=\frac{经营现金净流入}{普通股股数}$$

$$全部资产现金回收率=\frac{经营现金净流入}{全部资产}\times 100\%$$

（4）收益质量分析。

1）净收益营运指数。

2）现金营运指数。

（三）综合财务分析方法——杜邦财务分析方法体系

$$净资产收益率=\frac{净利润}{年末净资产}$$

$$=\frac{净利润}{年末总资产}\times\frac{年末总资产}{年末净资产}$$

或

$$\begin{aligned}净资产收益率&=资产净利率\times 权益乘数\\&=\frac{净利润}{销售收入}\times\frac{销售收入}{年末总资产}\times\frac{年末总资产}{年末净资产}\\&=销售净利润\times 总资产周转率\times 权益乘数\end{aligned}$$

本章思考题

1. 宏观经济分析的要素有哪些？
2. 行业分析的主要内容包括哪些？
3. 如何结合宏观经济分析和行业分析进行公司分析？

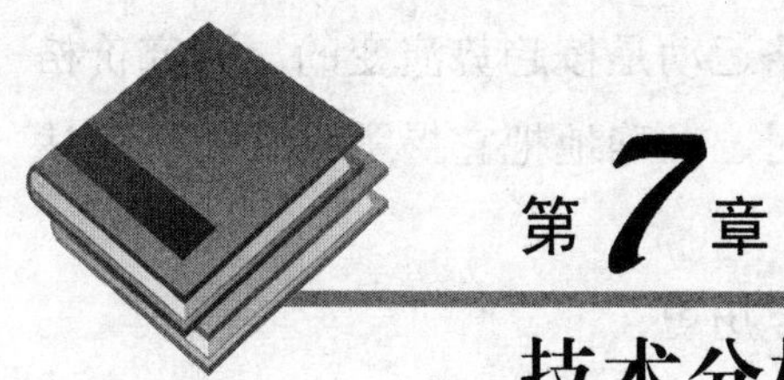

第7章

技术分析

技术分析就是利用市场交易资料及相关信息，运用数学或逻辑的方法，通过绘制和分析股票价格变化的动态趋势图表，或通过计算、分析有关交易指标，从技术上对整个市场或个别股票价格的未来变动方向与程度做出预测和判断的分析方法。技术分析是指以市场行为作为研究对象，用以判断市场趋势并跟随趋势的周期性变化来进行股票及一切金融衍生品交易决策的方法总和。

技术分析的四个要素为量、价、时、空。

技术分析建立在三个前提条件下，如果三个前提条件都不存在，那么技术分析没有任何意义。

第一个前提条件是证券的市场行为已经包括了宏观经济、微观经济的一切信息。

技术分析者认为，能够影响某种证券价格的任何因素（不管是宏观的还是微观的）都反映在证券的价格之中，研究证券的价格就是间接地研究影响证券价格的经济基础。

第二个前提条件是价格总按照某种运动趋势运动。

技术分析者通过经验的总结，认为证券的价格运动是按趋势演变的。研究价格图表的全部意义就是在一个趋势发展的早期，及时、准确地把它揭示出来，从而达到顺应趋势交易的目的。

第三个前提条件是价格的运行方式往往会重复历史。

技术分析者认为，通过对于图表的研究可以找到相似的形态，从而找到未来价格运动的方向。

技术分析的理论和方法主要有K线理论、切线理论、道氏理论、波浪理论、量价关系理论等，主要的分析指标包括趋势型指标、超买超卖型指标、人气型指标、大势型指标等内容。

第一节 K线理论

K线又称日本线，在欧美称为阴阳烛，最初是日本米商用来表示米价涨跌状况的工具，后来引入股市，并逐渐风行于东南亚地区。K线分析法是用K线图来表示一定时间内已完成的股票价格变动情形，然后根据K线组合形态来分析市场运行的强弱态势，并进一步判断未来市场运行趋势的分析方法。

一、K线的概念和画法

从股票市场整体来说，买方与卖方永远站在对立的两边，一方的利润便是另一方的损失。投资者为保护个人利益，需要预测买卖双方在次日、下周或下个月孰占优势，以便决定是加入买方阵营还是加入卖方阵营，K线就是以图形表示出买方与卖方力量的增减与转变过程。经过近百年来投资者的使用与改进，K线理论是股票技术分析中较容易被投资人接受的方法之一。K线表示买卖双方战斗的结果，是对立的，故又称阴阳线、红黑线或棒线。K线图中的每一条线都代表一个交易日的价格变动，如开盘价、最高价、最低价、收盘价。

(1) K线的画法。K线的开盘价与收盘价以实体表示，若收盘价高于开盘价，则以中空实体表示，称红线或阳线；若收盘价低于开盘价，则以实体表示，称黑线或阴线，见图7-1。

若当天最高价高于实体之高价，则在实体上方另加细线，称为上影线。

若当天最低价低于实体之低价，则在实体下方另加细线，称为下影线。

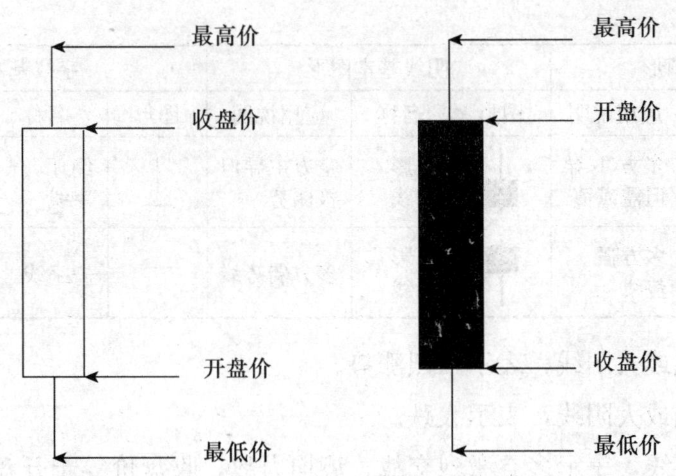

图 7-1 K 线

(2) K 线的上影线。K 线的上影线越长，向下的压力越大。

(3) K 线的下影线。K 线的下影线越长，向上的支撑力越大。

(4) K 线的实体。K 线的实体才是密集交易区，在高档区及低档区，若实体缩至十分之一，表示将发动大行情，盘局将结束，多空双方将有一方的力量较大。

二、K 线的基本形态分析

K 线的基本形态见表 7-1。

表 7-1　K 线的基本形态

阳线基本图形			阴线基本图形			字线基本图形		
图形	名称	应用说明	图形	名称	应用说明	图形	名称	应用说明
	大阳线	强烈涨势		大阴线	表示大跌		大十字线	多空势均力敌将变盘
	大阳下影线	低档超强		大阴下影线	多空交战跌后若有支撑，可能反弹		大十字线	多方较有利
	大阳上影线	高档换手		大阴上影线	多空交战空方较强		十字线	空方较有利
	小阳线	方向不明多方稍强		小阴线	方向不定空方稍强		T 字线	多方有利转机

续前表

阳线基本图形			阴线基本图形			字线基本图形		
图形	名称	应用说明	图形	名称	应用说明	图形	名称	应用说明
	上影阳线	多方主导但需谨慎		上影阴线	空方主导但极弱势	⊥	倒 T 字线	高档小心
	下影阳线	多方强势线		下影阴线	多方弱势线	—	一字线	飙涨或飙跌

（1）长红线或大阳线，表示强烈涨势。

（2）长黑线或大阴线，表示大跌。

（3）大十字线，表示多空激烈交战，势均力敌，收盘价等于开盘价，后市往往有所变化。

（4）小十字线，表示窄幅盘整。

（5）收盘价等于开盘价，但下影线略长，表示多头较强。

（6）收盘价等于开盘价，但上影线略长，表示空头较强。

（7）T 字线，表示买盘极强。

（8）倒 T 字线，表示卖盘极强。

三、K 线的组合分析

K 线的组合分析是指利用两根以上时间上连续的 K 线进行分析。在组合分析中，选择的 K 线数量越多，分析的准确性一般也越高。

K 线组合的情况非常多，要综合考虑各根 K 线的阴阳、高低、上下影线的长短等。无论是两根 K 线、三根 K 线还是多根 K 线，都是以各根 K 线的相对位置和阴阳来推测行情的。将前一天的 K 线画出，然后将这根 K 线按数字划分成五个区域。

（1）无论是一根 K 线，还是两根 K 线、三根 K 线以至多根 K 线，都是对多空双方的争斗做出一个描述，由它们的组合得到的结论都是相对的，不是绝对的。对进行具体股票买卖的投资者而言，该结论只是起一种建议作用。

（2）在应用时，我们会发现运用不同种类的组合得到了不同的结论。

1）“乌云盖顶”组合。在价格出现阳线上涨之后，又出现阴线，且该阴线令价格落到前阳线实体 1/2 以下，见图 7－2。这一组合常在市势已经大涨一段，甚至创下天价的时候出现，表示市势逆转，随后将出现下跌行情。

2）“孤岛”组合。一段上涨行情之后，出现一根跳空的阴线，形如“孤岛”，见图7－3。对于这一组合，尽管阴线的收盘价仍比昨日为高，但已可窥见市场人士心态的变化以及前期获利者的操盘手法，表示后市已不被看好。

图7－2 “乌云盖顶”组合

图7－3 “孤岛”组合

3）“中流砥柱”组合。这一组合相对于“乌云盖顶”组合而言，在价格出现阴线下跌之后，又出现阳线，且该阳线令价格升到前阴线实体1/2以上，见图7－4。这一组合常在市势已经大跌一段，甚至创下地价的时候出现，表示市势逆转，随后将出现上升行情。

4）“黎明之星”组合。这一组合是在阴线之后，下方先出现一小根阳线或小十字线，接着再出现跳空上升的一根大阳线，见图7－5。这一组合多出现在市势久跌或久盘之后，此时下方出现的小阳线犹如市场人士心目中那久盼的“启明星”，随后再出现的大阳线，表明长夜已经过去，市势迎来光明。所以，“黎明之星”组合成为市势反转上升的转折点。

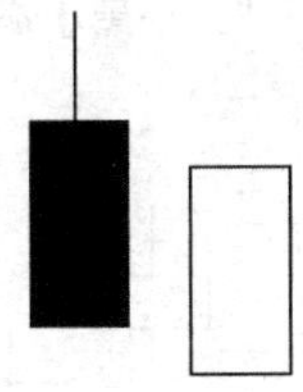

图7－4 “中流砥柱”组合

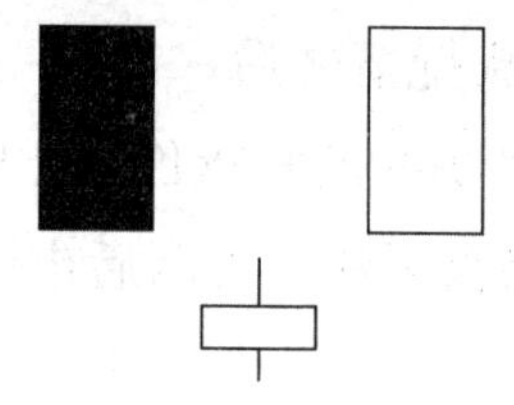

图 7－5 “黎明之星”组合

5）“黄昏之星”组合。这一组合恰与“黎明之星”组合相反，成为市势反转下跌的转折点。顶部的跳空小阴线或十字线在随后出现的跳空下跌的大阴线形成后，终于成为一颗“黄昏之星”，见图 7－6。如果顶部是带中等长度上影线的倒 T 字线，则这一组合又被形象地称为“射击之星”。

6）“三个黑小卒”组合。在高价区出现这种“三个黑小卒”组合（见图 7－7）时，表示上升趋势已经完结，下跌趋势已经开始。

7）“白三鹤”组合。这种组合容易被误认为“红三兵”组合，当然，它是其失败型。要想清晰地区分，主要注意它们出现的区域，即出现在高价区、低价区还是行情中途。这种组合是“下跌途中的白三鹤”，形如一根枯枝上飞来的三只小白鹤，算是一点美好的点缀，见图 7－8。

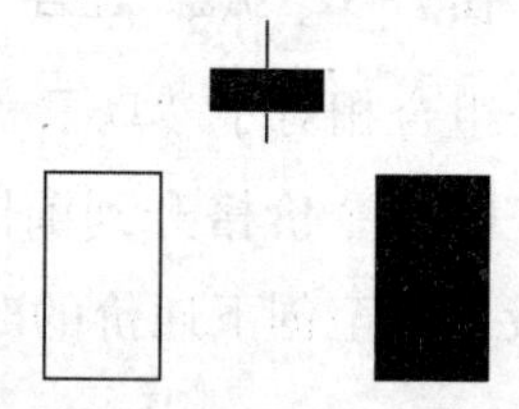

图 7－6 “黄昏之星”组合

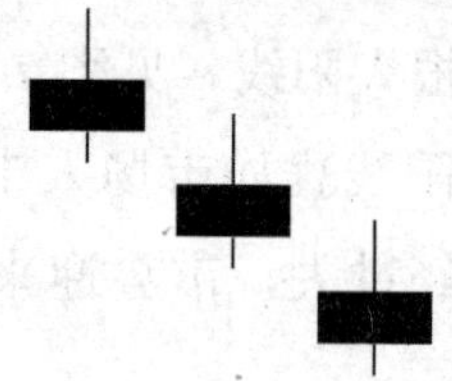

图 7－7 “三个黑小卒”组合

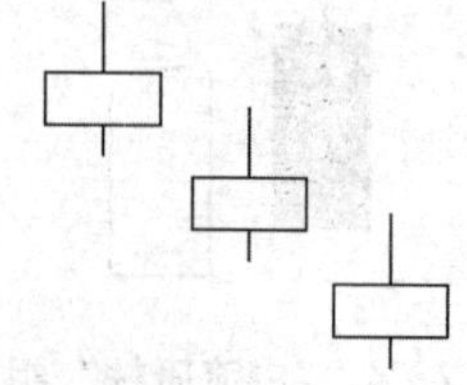

图 7－8 “白三鹤”组合

8）其他K线组合，见表7－2。

表7－2　　其他K线组合

“红三兵”组合		（1）出现在上涨行情初期。 （2）由3根连续创新高的小阳线组成。	见底信号，后市看涨。	收盘价均为最高价时，称为“3个白色武士”组合，“3个白色武士”组合拉升股价的作用要强于普通的“红三兵”组合，投资者应引起足够的重视。
“冉冉上升形”组合		（1）在盘整后期出现。 （2）由若干小K线组成（一般不少于8根），其中以小阳线居多，中间也可夹着小阴线、十字线。 （3）整个K线排列呈略微向上倾斜状。	见底信号，后市看涨。	该K线组合犹如冉冉升起的“旭日”，升幅虽不大，但它往往是股价大涨的前兆，如成交量能同步放大，这种可能性就很大。

第二节　切线类方法

切线类方法是按一定方法和原则在依据价格数据所绘制的图表中画出一些直线，然后根据这些直线的情况推测价格的未来趋势，这些直线称为切线。切线主要有压力线和支撑线两类。切线类方法就是依据切线进行分析的方法。

切线类方法是很常用的方法，主要包括以下几种分析方法，见图7－9。

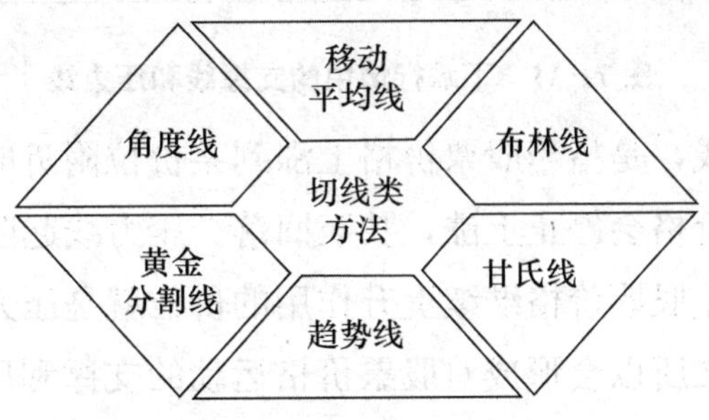

图7－9　几种常用的切线类方法

一、支撑线和压力线

（一）支撑线和压力线的含义

支撑线又称抵抗线，是指当股价下跌到某个价位附近时会出现买方增加、卖方减少的情况，从而使股票价格停止下跌，甚至有可能回升，见图7－10和图7－11。

支撑线起阻止股票价格继续下跌的作用。这个起着阻止股价继续下跌作用的价位就是支撑线所在的位置。

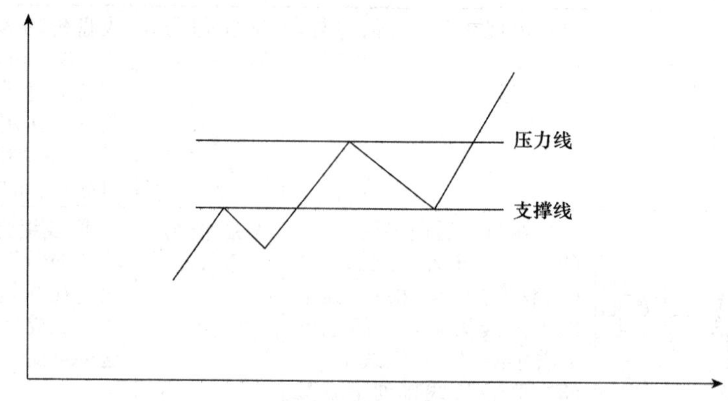

图 7-10　上升行情中的支撑线和压力线

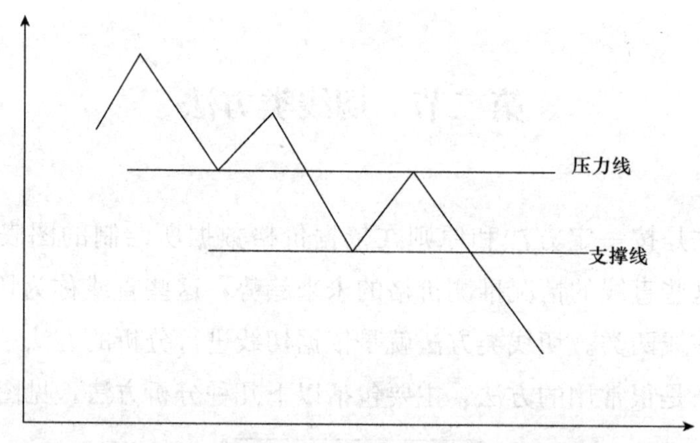

图 7-11　下跌行情中的支撑线和压力线

压力线又称阻力线，是指当股票价格上涨到某价位附近时会出现卖方增加、买方减少的情况，股票价格会停止上涨，甚至回落。压力线起阻止股票价格继续上升的作用。这个起着阻止股票价格继续上升作用的价位就是压力线所在的位置。

在某一价位附近之所以会形成对股票价格运动的支撑和压力，主要由投资者的筹码分布、持有成本以及投资者的心理因素所决定。

（二）支撑线和压力线的应用

应用支撑线和压力线的几条分析守则：

（1）支撑线和压力线的作用是阻止或暂时阻止股价向一个方向继续运动。

（2）支撑线和压力线都有被突破的可能，它们不足以长久地阻止股价保持原来的变动方向，只不过是使它暂时停顿而已。

(3) 同时，支撑线和压力线又有彻底阻止股价按原方向变动的可能。

(4) 如果一条支撑线被跌破，那么这条支撑线将成为压力线。

(5) 如果一条压力线被突破，这条压力线将成为支撑线。

(6) 以下三个方面是确认一条支撑线或压力线重要程度的依据：

1) 股价在这个区域停留时间的长短。

2) 股价在这个区域伴随的成交量大小。

3) 这个支撑区域或压力区域出现的时间距离当前的远近。

股价停留的时间越长、伴随的成交量越大、离现在越近，则这个支撑或压力区域对当前的影响就越大，反之就越小。

(7) 支撑线和压力线的相互转化。支撑线和压力线之所以能起到支撑和压力的作用，两者之间之所以能相互转化，在很大程度上是由于心理因素方面的原因，这也是支撑线和压力线的理论依据。如果一条支撑线被跌破，那么这条支撑线将成为压力线；同理，如果一条压力线被突破，那么这条压力线将成为支撑线。这说明支撑线和压力线的地位不是一成不变的，而是可以改变的，条件是它被有效的、足够强大的股票价格变动突破。

(8) 由于股价的变动，原来确认的支撑线或压力线可能并不真正具有支撑或压力的作用，此时就有一个对支撑线和压力线进行调整的问题，这就是支撑线和压力线的修正。

常见的几种反转图形，如图 7-12 所示。

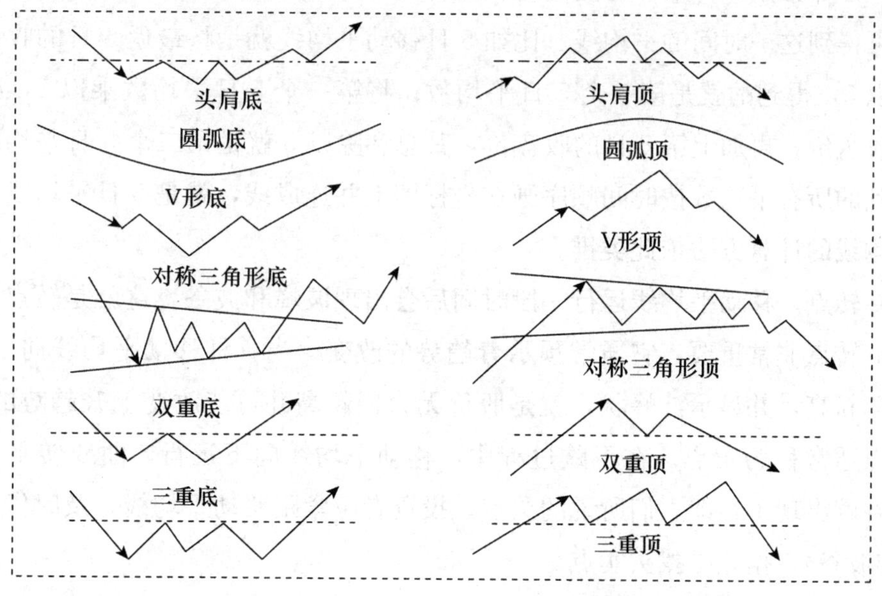

图 7-12　常见的几种反转图形

在绝大多数情况下，当一个价格走势处于反转过程时，无论是构筑顶部阶段（由涨至跌），还是构筑底部阶段（由跌至涨），在图形上都会呈现一个典型的“区域”或者“形态”，这就是反转形态。

二、移动平均线

移动平均线（MA）方法是通过计算出股价移动平均数，据以描绘出曲线图，并以此进行股票行情分析的一种方法。所以，移动平均线又称葛兰碧曲线或葛兰碧曲线理论。

股价移动平均数的计算方法为：

$$\mathrm{MA}(N)=\frac{C_1+C_2+\cdots+C_N}{N}$$

式中，C_n为第n日的收盘价，$n=1$，2，…，N；N为移动平均线的时间周期。

常用的移动平均线有5日、10日、30日、60日、120日和240日移动平均线。其中，5日和10日移动平均线是短期移动平均线，也是短线炒作的参照指标，称为日均线指标；30日和60日移动平均线是中期移动平均线，称为季均线指标；120日、240日移动平均线是长期移动平均线，称为年均线指标。对移动平均线的考察一般从以下几个方面进行：

（1）计算方法。将某一时间段的收盘价或收盘指数相加的总和，再除以时间周期，即可得到这一时间的平均线。比如5日移动平均线就是将最近5日的收盘价相加后除以5，得到的就是第一个5日平均数；将第一个5日平均数乘以5，减去第一日的收盘价，再加上第6日的收盘价，其总和除以5就是第二个5日平均数；将计算得到的所有平均数按时间顺序画在坐标图上并连成线，就是5日平均线。其他移动平均线的计算方法依此类推。

（2）转点。移动平均线运行一段时间后会出现波峰和波谷，这就是转点。移动平均线的转点非常重要，它通常预示着趋势的改变。当一种移动平均线向上运行，无法再创新高，并显示波峰状，就是股价无力创新高并可能改变上升趋势的征兆，这种转点通常称为卖点。在下跌过程中，移动平均线向下运行，曲线转平并转头时，波谷就出现了，即人们所说的买点。投资者应紧跟移动平均线，及时发现转点（波峰和波谷），据此寻找买卖点。

（3）形态。当移动平均线在底部出现双重底形态或三重底形态，就是最佳的买入时机。而当移动平均线在顶部出现双重顶形态或三重顶形态，就是最佳的卖出时机。

（4）黄金交叉。以 5 日移动平均线和 10 日移动平均线为例，将每日的 5 日移动平均数相连，得出一条运行曲线。将 10 日移动平均数相连，得出另一条运行曲线。在底部区域，5 日移动平均线上穿 10 日移动平均线产生的交叉点称为黄金交叉。通常说来，这就是较好的买入点，即进货点。

（5）死亡交叉。以 5 日移动平均线和 10 日移动平均线为例，5 日移动平均线在高位下穿 10 日移动平均线产生的交叉点称为死亡交叉。死亡交叉出现时，通常是个较好的出货点，意味着明确的离场信号。

但是，不是所有的黄金交叉和死亡交叉都是进货点和出货点，原因是庄家有时会做骗线。特别是在上升途中或者下跌途中，庄家可能会进行振荡洗盘或振荡出货。此时，黄金交叉和死亡交叉所指示的买卖点是非常不可靠的，在这种情况下，投资者应该小心。

（6）移动平均线多头排列。当股指或股价上涨时，移动平均线托着 K 线上升，也就是 K 线在均线的左上方，这种现象称为多头排列。多头排列发生的时候，是投资者的持股期。

（7）移动平均线空头排列。当股价或股指下跌时，移动平均线由大到小自然排列，从 K 线的右上方压制 K 线向右下方行进，这种现象称为空头排列。空头排列发生时，是投资者的持币期。

移动平均线简单实用、易于掌握，很受投资人的喜爱。但是，它也有缺点，主要是在股指、股价窄幅整理或庄家进行振荡洗盘时，此时出现的买卖信号不易辨别，容易造成误导。

三、趋势线

趋势线是指股价在某一段相当长的时期内沿着特定的轨道，朝一定方向移动的路线。如果股价波动所形成的趋势越荡越高，则为“涨势”或称“牛市”；如果越荡越低，则为“跌势”，亦可称为“熊市”，见图 7－13。

一般来说，证券价格的变动不是朝一个方向直来直去，中间一定有曲折，从图形上看就是一条曲折蜿蜒的折线，每个折点处就形成一个峰或谷。由这些峰和谷的相对高度可以看出证券价格运行趋势的方向。

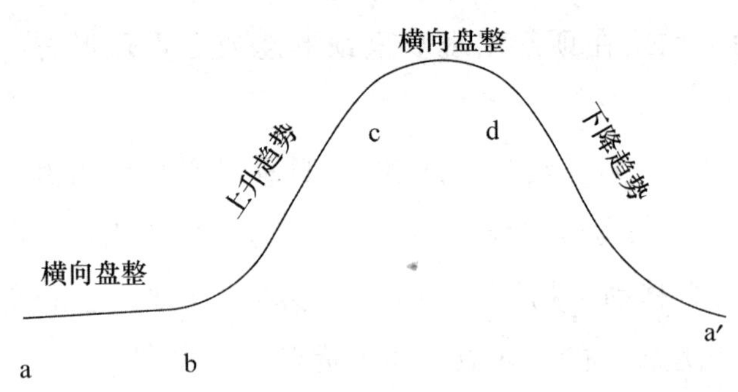

图 7－13　趋势线

股票价格的运动有一定的趋势，或是上升趋势（如图 7－13 中的 b～c 段），或是下降趋势（如图 7－13 中的 d～a′段），还有横向盘整（如图 7－13 中的 a～b 段、c～d 段）。在横向盘整阶段往往预示着趋势的反转，比如在 c～d 段的整理运动积蓄着从上升趋势到下降趋势的转变能量（筑顶）；在 a～b 段的整理运动积蓄着从下降趋势到上升趋势的转变能量（筑底）。技术分析的价值就是在趋势反转的早期识别它，并据此做出正确的投资策略选择。

（一）趋势线的画法

趋势线是用画线的方法将低点或高点相连，利用已经发生的情况，推测次日大致走向的一种图形分析方法。在各种股价图形中，若处于上升趋势，股价波动必是向上发展，即使出现回档也不影响总体的涨势。如果把上升趋势中的回档低点分别用直线相连，这些低点大多在这条线上，我们把连接各波动低点的直线称为上升趋势线。

相反，若处于下降趋势，股价波动必定向下发展，即使出现反弹也不影响总体的跌势。把各个反弹的高点相连，我们会惊奇地发现它们也在一条直线上，我们把这条线称为下降趋势线。

趋势线可以分成原始趋势线、中级趋势线与次级趋势线。连接两个最先形成的中级行情低点或最具意义的两个中级行情低点就形成了上升行情的原始趋势线。同样地，中段行情亦包括几段小行情，连接最先发生的两段小行情的低点便形成了中级趋势线。最后，我们亦可连接上升趋势中的两个下降低点，形成次级趋势线。下跌行情亦是如此，将最先形成或最具意义的两个高点连线而形成原始趋势线、中级趋势线与次级趋势线。

原始趋势的最初低点就是由下跌行情转为上升行情后出现的第一个底部形成点，在短期内（至少一年）没有出现比此价位更低的股价。原始趋势的最高点是由上升行情转为下跌行情后出现的第一个头部形成点，在短期内（至少十个月）没有出现比此价位更高的股价。

依照数学定理，两点可以决定一条直线。股价线路图是由经年累月的成交记录形成的，因此画趋势线时，必须选择两个决定性的点（最具意义的两个高点或两个低点）——决定上升趋势时需要两个反转低点，也就是下跌至某一低点后开始回升，随后下跌，但没有跌破前一低点，而后再度迅速上升，连接这两点的直线便是上升趋势线。决定下跌趋势亦需要两个反转高点，也就是上升至某一高点后开始下跌，随后回升，但没有突破前一高点，而后再度迅速下跌，连接这两点的直线便是下跌趋势线。

（二）趋势线的分析

（1）上升趋势线由各波动低点连成，下降趋势线由各波动高点连成。

（2）上升趋势线是股价回档的支撑点，一旦上升趋势线被突破，就形成了出货信号。下降趋势线是股价反弹的阻力位，一旦下降趋势线被突破，就形成了进货信号。

（3）无论向上突破还是向下突破，均以超过3%为有效突破，否则为假突破。

（4）如果突破以缺口形式出现，则突破是强有力的。

（5）在上升或下降趋势的末期，股价会出现加速上升或加速下跌的现象，所以市况反转时的高点或低点，一般均远离趋势线。

（6）趋势线是衡量价格运动方向的，由趋势线的方向可以清楚地看出股价的未来运行趋势。

（7）轨道线又称通道线或管道线，是基于趋势线的一种方法，见图7-14。

（8）在得到趋势线后，通过第一个峰或谷可以画出这条趋势线的平行线，这条平行线就是轨道线。

（三）趋势线中买入股票的信号

图7-15展示了趋势线中买入股票的信号。

在图7-15A中，股价原本向下变动，随后穿越下跌趋势线的上界线，表示改变下跌轨道或反转上升。

在图7-15B中，股价变动呈盘整格局，随后穿越盘整格局的上界线。

在图7-15C中，股价随上升趋势线的上界线向上变动，而后穿越上升趋势线的上界线，轨道更向上倾斜，股价加速上涨，是大行情展开的前兆。

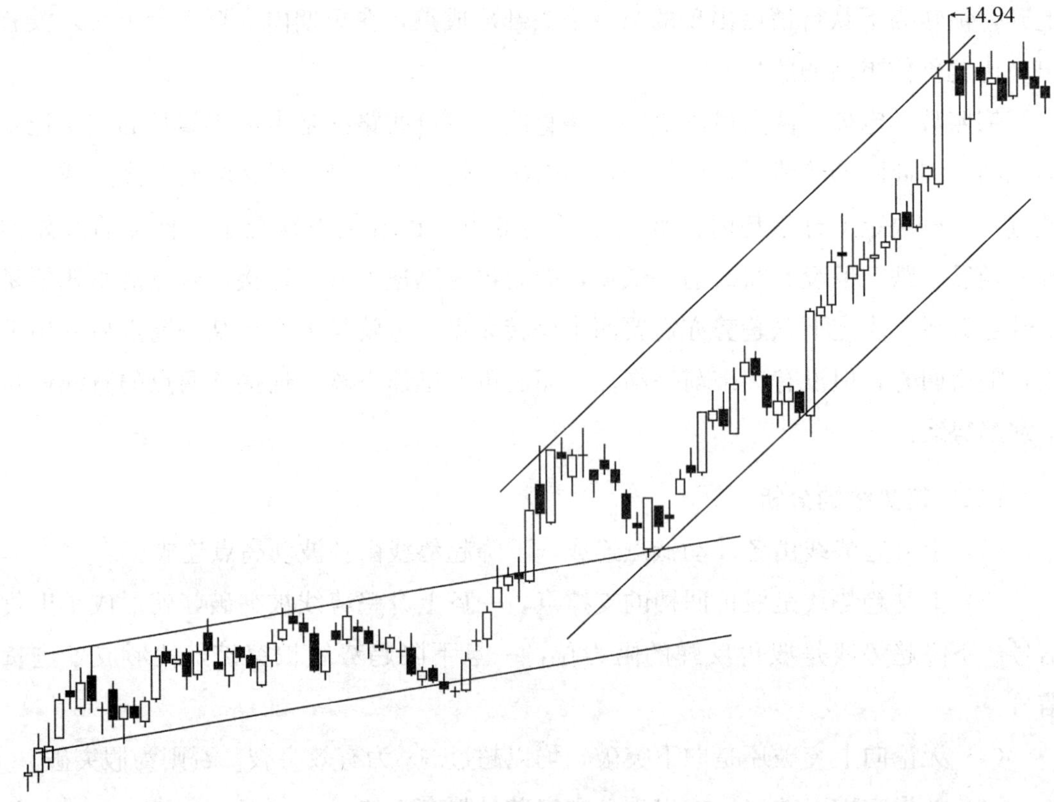

图 7－14　轨道线

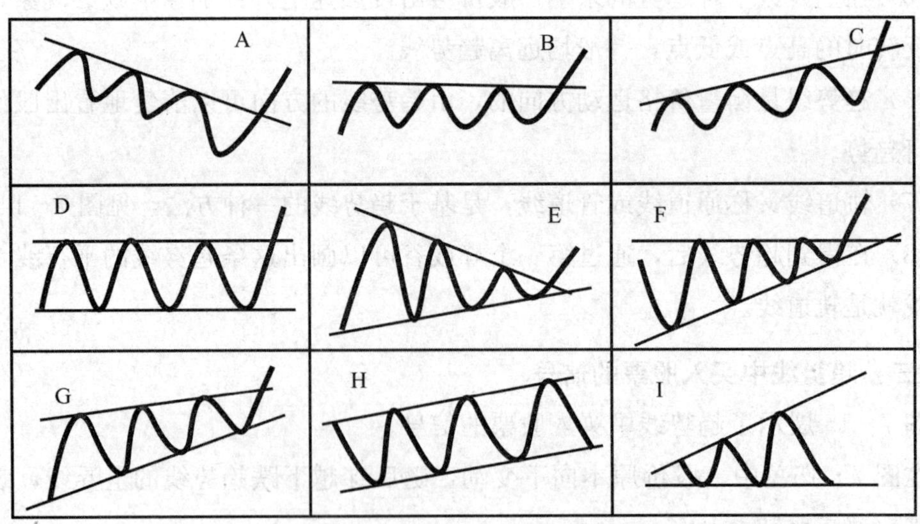

图 7－15　趋势线中买入股票的信号

在图 7－15D 中，股价进入矩形整理，随后穿越平行轨道的上界线，是脱离盘整格局、展开上升行情的开端。

在图7－15E中，股价变动呈对称三角形的盘整格局，随后突破上界线，是有效的突破。

在图7－15F中，股价变动进入整理，轨道的上界线呈水平移动，下界线向右上方倾斜，随后穿越轨道的上界线，是有效的突破。

在图7－15G中，股价变动走入收敛趋势形态的末端，并突破轨道上界线，呈加速上升趋势。

在图7－15H中，在上升行情的轨道里，回档至轨道的下界线，此时是买进抢短线的时机。

在图7－15I中，股价变动轨道呈发散趋势形态，回跌至轨道的下界线附近，可抢短线。

当然，趋势的扭转必须与成交量相配合。若股价突破上限时，成交量没有适度扩大，甚至减少，此时就需另眼看待，即使上涨亦有限。

（四）趋势线中卖出股票的信号

图7－16展示了趋势线中卖出股票的信号。

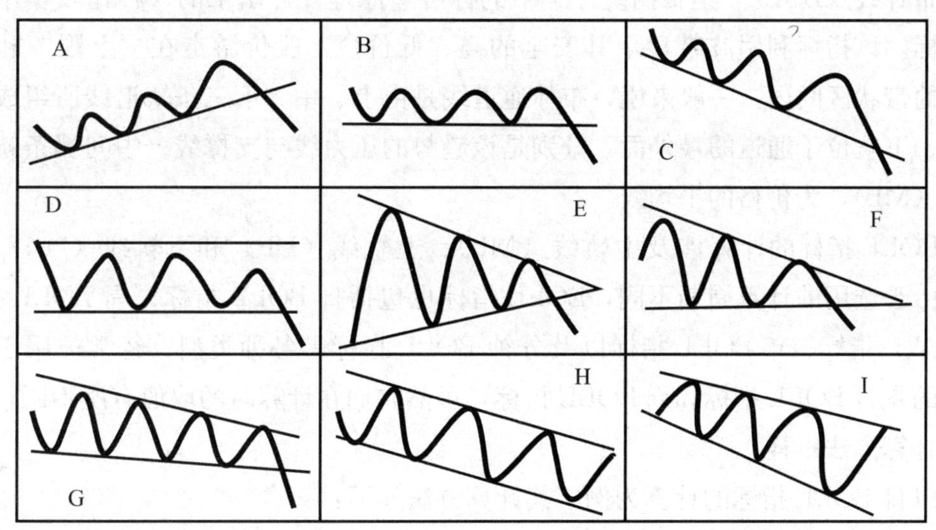

图7－16 趋势线中卖出股票的信号

在图7－16A中，股价原本向上变动，而后跌破上升趋势线的下界线，表示改变上升轨道或反转下跌。

在图7－16B中，股价变动呈盘整格局，而后跌破盘整格局的下界线。

在图7－16C中，股价随下跌趋势线的下界线向下变动，而后穿越下跌趋势线的下界线，轨道更向下倾斜变动，股价加速下跌，是暴跌行情的前兆。

在图 7－16D 中，股价进入矩形整理，随后跌破平行轨道的下界线，这是脱离盘整格局、展开下跌行情之开端。

在图 7－16E 中，股价变动呈对称三角形的盘整格局，虽然是一底比一底高，而后却向下界线突破。

在图 7－16F 中，股价变动进入整理，轨道的下界线呈水平移动，上界线向右下方倾斜，随后跌破轨道的下界线，是有效的突破。

在图 7－16G 中，股价变动进入收敛趋势形态的末端，并突破轨道的下界线，而后加速下跌。

在图 7－16H 中，在下跌行情的轨道里，反弹至轨道的上界线，此时是卖出的时机。

在图 7－16I 中，股价变动轨道呈发散趋势形态，反弹至轨道的上界线附近可以卖出，待下跌时补回。

四、布林线

布林线（BOLL）是根据统计学中的标准差原理设计出来的一种比较实用的技术指标。该指标利用波带显示其安全的高、低价位，股价游走在“上限”和“下限”的带状区间内。一般来说，布林通道线是由上、中、下三条轨道线所组成，其中上、下轨位于通道的最外面，分别是该趋势的压力线与支撑线；中间那条就是中轨线（MB），为价格的平均线。

BOLL 指标的计算涉及中轨线（MB）、上轨线（UP）和下轨线（DN）的计算。由于选用的计算周期不同，BOLL 指标也包括日 BOLL 指标、周 BOLL 指标、月 BOLL 指标、年 BOLL 指标以及分钟 BOLL 指标等各种类型。经常被用于股市研判的是日 BOLL 指标和周 BOLL 指标，虽然它们在计算时的取值有所不同，但基本的计算方法一样。

以日 BOLL 指标的计算为例，其计算方法如下：

1. 日 BOLL 指标的计算公式

中轨线＝N 日的移动平均线

上轨线＝中轨线＋两倍的标准差

下轨线＝中轨线－两倍的标准差

2. 日 BOLL 指标的计算过程

（1）计算 MA。

$$MA=\frac{N\text{日内的收盘价之和}}{N}$$

（2）计算标准差MD。

MD=平方根[N日的(C-MA)的两次方之和除以N]

（3）计算MB、UP、DN。

MB=(N-1)日的MA
UP=MB+2×MD
DN=MB-2×MD

（一）在常态范围内，布林线使用的技术和方法

常态范围通常是指股价运行在一定宽度的带状范围内，它的特征是股价没有大涨、大跌，处在一种相对平衡的状态之中，此时使用布林线的方法非常简单。

（1）当股价穿越上限压力线（动态上限压力线，静态最上压力线BOLB1）时，为卖点信号。

（2）当股价穿越下限支撑线（动态下限支撑线，静态最下支撑线BOLB4）时，为买点信号。

（3）当股价由下向上穿越中界线（静态从BOLB4穿越BOLB3）时，为加码信号。

（4）当股价由上向下穿越中界线（静态由BOLB1穿越BOLB2）时，为卖出信号。

（二）在单边上升行情中布林线的使用方法

在一个强势市场中，股价连续上升，通常股价会运行在BOLB1和BOLB2之间；当股价连续上升较长时间，股价上穿BOLB1，次日又下穿BOLB1且进一步下破BOLB2，带动BOLB1曲线出现由上升转平的明显拐点，此时为卖出信号。

（三）缩口的意义

（1）股价经过数波下跌后，随后转为较长时间的窄幅整理，此时我们发现布林线的上限和下限之间越来越窄、越来越近，盘中显示股价的最高价和最低价的差价极小，短线没有获利空间，经常是连手续费都挣不出来，因而盘中交易不活跃、成交量稀少。投资者要密切注意这种缩口情况，因为一轮大行情可能正在酝酿中，一旦成交量增大、股价上升、布林线开口扩大，上升行情就宣告开始。

（2）若布林线在高位的开口极度狭小，一旦股价向下破位，布林线开口放大，一轮跌势将不可避免。

（四）布林线开口的意义

（1）当股价由低位向高位经过数浪上升后，布林线最上压力线和最下支撑线的开口达到了相当大的程度，并且开口不能继续放大而转为收缩时，此时是卖出信号，随后往往是一轮股价的大幅下跌或调整行情。

（2）当股价经过数浪大幅下跌，布林线上限和下限的开口不能继续放大，而布林线上限压力线提前由上向下缩口，等到布林线下限支撑线随后由下向上缩口时，一轮跌势将告结束。

（五）使用布林线的注意事项

（1）布林线参数的设定一般不得小于 6。

（2）使用布林线要注意判明是在常态区还是在非常态区，在非常态区不能单纯以“破上限卖，破下限买”为原则。

（3）借助开口缩小，在低位容易捕捉到牛股，但在高位或一旦缩口后股价向下突破，常会有较大的下跌空间。

（4）可将布林线和其他指标配合使用，效果会更好，如成交量、KDJ 指标等。

第三节　道氏理论

道氏理论的创始人是美国人查尔斯·亨利·道（Charles Henry Dow）。为了反映市场的总体趋势。道氏理论指出，股票会随市场的趋势同向变化以反映市场趋势和状况。股票价格的变化表现为三种趋势，即主要趋势、次要趋势及短期趋势，见图 7-17。

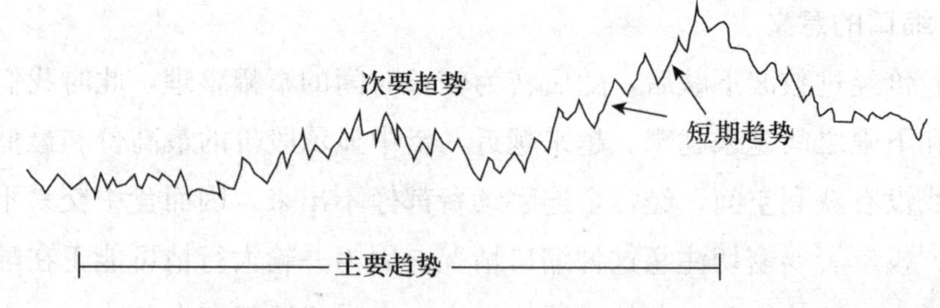

图 7-17　股价变化的三种趋势

1. 道氏理论将影响股价的市场力量分为三种趋势

(1) 主要趋势 (primary trend) 是指价格运动的长期趋势，持续时间从几个月到几年不等。

(2) 次要趋势 (secondary trend) 或者中级趋势 (intermediate trend) 是由股价短期内偏离基本趋势线而引起的。这些偏离可通过价格恢复到趋势线的修复得以消除。

(3) 短期趋势 (tertiary trend) 或者小型趋势 (minor trend) 是指日常的波动。

2. 道氏理论的主要原理

(1) 市场价格指数可以解释和反映市场的大部分行为，这是道氏理论对证券市场的重大贡献。目前，世界上所有的证券交易所都采用一个本市场的价格指数，计算方法大同小异，都是源于道氏理论。

(2) 市场波动的三种趋势。道氏理论认为股票价格的波动尽管表现形式不同，但可以将它们分为三种趋势，即主要趋势、次要趋势和短期趋势。这三种趋势的划分为其后出现的波浪理论打下了基础。有关这三种趋势的详细内容，参见有关趋势的章节。

(3) 交易量在确定趋势中的作用。趋势的反转点是确定投资的关键。交易量提供的信息有助于我们解决一些令人困惑的市场行为。

(4) 收盘价是最重要的价格。道氏理论认为，在所有的价格中，收盘价最重要，甚至认为只用收盘价，而不用别的价格。

3. 应用道氏理论应该注意的问题

道氏理论对大形势的判断有较大的作用，对于每时每刻都在发生的小波动则显得有些无能为力。道氏理论对次要趋势的判断也作用不大。

第四节 波浪理论

1934年，美国人艾略特 (Elliott) 出版了《波浪原理》(*The Wave Principle*) 一书，这本书被认为是波浪理论的奠基之作。艾略特本人则成为波浪理论的创始人。艾略特波浪理论 (Elliott wave theory) 是股票技术分析的一种理论，它认为市场走势不断重复一种模式，每一周期由5个上升浪和3个下跌浪组成。

艾略特从哲学的角度论述了股票价格的基本运动是有规律的。这种规律就是它们在相似和不断再现的波浪系列或确定的数字及图形的推动下重复自己。这些波浪或推进具有牢固的相互关系和时间历程。“正像宇宙中所有其他事物被规律所支配的真理一样，市场也有它的规律。如果没有规律就不可能有价格运转的中心，因此也就没有市场。”

股价运动的一个完整循环是由上升阶段和下降阶段两部分组成。上升阶段由五个波浪构成，该阶段的波浪用数字表示，如图 7－18 所示的浪 1、浪 2 等。下降阶段由三个波浪构成，该阶段的波浪用字母表示，如图 7－18 所示的浪 A、浪 B、浪 C。

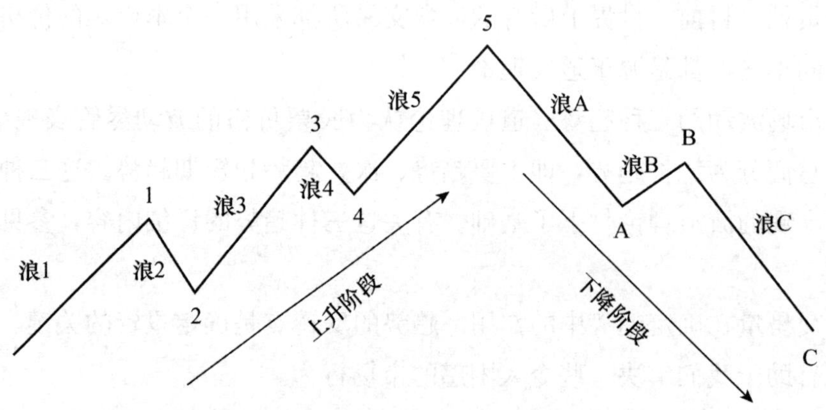

图 7－18 艾略特波浪理论

我们定义一个运动的奇数浪为驱动浪（如图 7－18 中的浪 1、浪 3、浪 5），而偶数浪为调整浪（如图 7－18 中的浪 2、浪 4）。驱动浪包含更低一级的五个波浪，而调整浪包含更低一级的三个波浪。

在上升阶段，一个完整的运动由五个波浪构成。形成任何完整运动的五个波浪中的三个总是处在同一运动方向上，五浪中的两浪则是处在一个相反方向上，浪 1、浪 3 和浪 5 表示主要方向上的推进，浪 2 和浪 4 与主要方向相反或是对推进的调整。总之，奇数的波浪是在主要方向上，偶数的波浪是在与主要方向相反的方向上，见图 7－19。

在下降阶段，浪 A 和浪 C 是驱动浪，因为它们的运动方向与主要方向（即下降）一致，因此浪 A 和浪 C 又可以分成更低一级的五个子浪；相对于主要方向（即下降）而言，浪 B 是调整浪，因而可以分成更低一级的三个子浪，见图7－20。

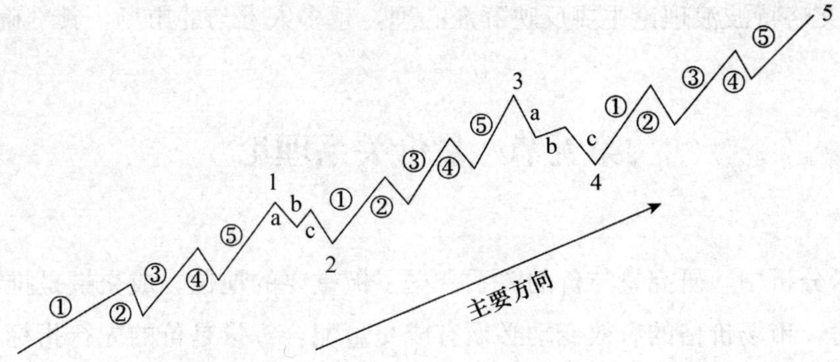

图 7-19 波浪理论的上升阶段

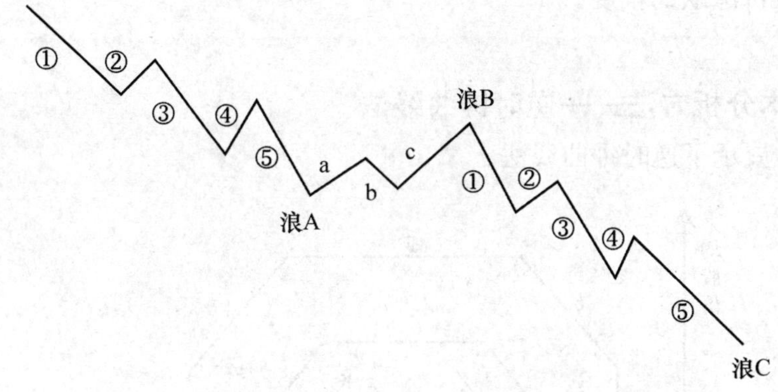

图 7-20 波浪理论的下降阶段

艾略特波浪理论的基本要点：

（1）一个完整的循环包括八个波浪，五上三落。

（2）波浪可合并为高一级的浪，亦可再分割为低一级的小浪。

（3）跟随主流行走的波浪可以分割为低一级的五个小浪。

（4）在浪 1、浪 3、浪 5 三个波浪中，浪 3 不能是最短的一个波浪。

（5）假如三个推动浪中的任何一个浪成为延伸浪，其余两个波浪的运行时间及幅度会趋于一致。

（6）调整浪通常以三浪的形态运行。

（7）黄金分割率理论、奇异数字组合是波浪理论的数据基础。

（8）经常遇见的回吐比率为 0.382、0.5 及 0.618。

（9）浪 4 的底不可以低于浪 1 的顶。

（10）艾略特波浪理论包括三部分，即形态、比率及时间，其重要性以排行先后为序。

（11）艾略特波浪理论主要反映群众心理，越多人参与的市场，其准确性越高。

第五节　量价关系理论

在技术分析中，研究量与价的关系占据了极重要的地位。成交量是推动股价上涨的原动力，市场价格的有效变动必须有成交量配合，量是价的先行指标，是测量证券市场行情变化的温度计，通过其增加或减少的速度可以推断多空战争的规模大小和指数、股价涨跌的幅度。

一、基本分析方法——逆时钟曲线法

图 7－21 展示了逆时钟曲线法。

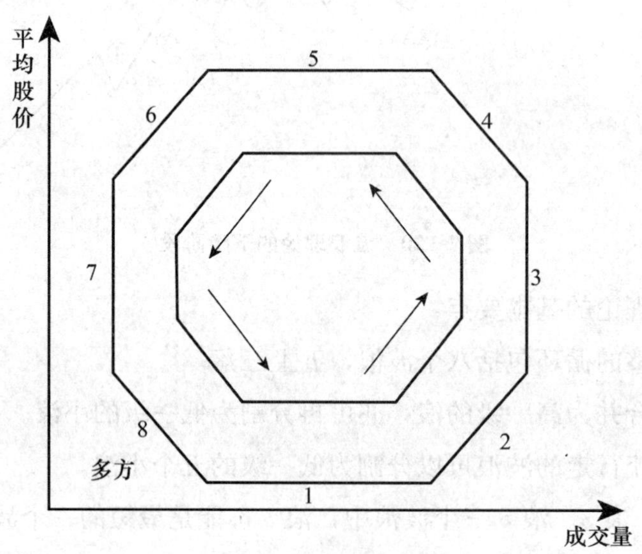

图 7－21　逆时钟曲线法

（1）量增价平，转阳信号。股价经过持续下跌的低位区，出现成交量增加、股价企稳现象，此时一般成交量的阳柱线明显多于阴柱线，凸凹量差比较明显，说明底部在积聚上涨动力、有主力在进货，为中线转阳信号，可以适量买进、持股待涨。有时，在上升趋势中途也会出现“量增价平”，说明股价上行暂时受挫，只要上升趋势未破，一般整理后仍会有行情。

（2）量增价升，买入信号。成交量持续增加，股价趋势也转为上升，这是短、

中线最佳的买入信号。“量增价升”是最常见的多头主动进攻模式，应积极进场买入，与庄共舞。

（3）量平价升，持续买入。成交量保持等量水平，股价持续上升，可在期间适时参与。

（4）量减价升，继续持有。成交量减少，股价仍在继续上升，适宜继续持股，如果锁筹现象较好，也只能是小资金短线参与，因为股价已经有了相当的涨幅，接近上涨末期了。有时，在上涨初期也会出现“量减价升”，则可能是昙花一现，但经过补量后仍有上行空间。

（5）量减价平，警戒信号。成交量显著减少，股价经过长期大幅上涨之后，进行横向整理不再上升，此为警戒出货的信号。在此阶段，如果突发巨量、天量，拉出大阳线、大阴线，无论有无利好、利空消息，均应果断派发。

（6）量减价跌，卖出信号。成交量继续减少，股价趋势开始转为下降，为卖出信号。此为无量阴跌，底部遥遥无期，所谓多头不死、跌势不止，一直跌到多头彻底丧失信心、斩仓认赔，爆出大的成交量，跌势才会停止。所以在操作上，只要趋势逆转，应及时止损出局。

（7）量平价跌，继续卖出。成交量停止减少，股价急速滑落，此阶段应继续坚持及早卖出的方针，不要买入，当心作茧自缚。

（8）量增价跌，弃卖观望。股价经过长期大幅下跌之后，出现成交量增加，即使股价仍在下落，也要慎重对待极度恐慌的“杀跌”，所以此阶段的操作原则是放弃卖出、空仓观望。低价区的增量表明有资金接盘，说明后期有望形成底部或出现反弹，可以关注。

二、葛兰碧九大法则

量价关系理论又称葛兰碧九大法则：

（1）股价随着成交量的递增而上涨，为市场行情的正常特性，这种量增价涨关系表示股价将继续上升。

（2）在一波涨势中，股价随着递增的成交量而上涨，突破前一波的高峰，创下新高后继续上涨。如果在这一波段，股价上涨，整个成交量却低于前一波段上涨过程中的成交量，股价创了新高，量却没突破前期的成交量，则此波段的股价涨势令人怀疑，同时也是股价趋势潜在的反转信号。

（3）股价随着成交量的递减而上升，即股价上涨、成交量却逐渐萎缩，成交量是股价上涨的原动力，原动力不足显示了股价趋势潜在的反转信号。

（4）有时，股价随着缓慢递增的成交量而逐渐上涨，但走势突然出现垂直上升的喷发行情，成交量急剧增加，股价暴涨。紧随着此波走势，继之而来的是成交量大幅萎缩，同时股价急速下跌。这种现象表示涨势已到末期，上升乏力，显示出趋势反转的现象。反转所具有的意义将视前一波股价上涨幅度的大小及成交量增加的程度而定。

（5）在长期下跌且形成谷底后，股价回升，但成交量并没有因股价上涨而递增，股价上涨乏力，而后再度跌至先前谷底附近或高于谷底。当第二谷底的成交量低于第一谷底时，是股价上涨的信号。

（6）股价下跌，向下跌破股价形态趋势线或移动平均线，同时出现大成交量，是股价下跌的信号，表示趋势反转、形成空头市场。

（7）股价跌了相当长的时间后出现恐慌性卖出，随着日益扩大的成交量，股价大幅下跌，继恐慌性卖出之后，预期股价可能上涨，同时恐慌性卖出所创的低价将不可能在极短时间内跌破。恐慌性大量卖出之后，往往是空头的结束。

（8）当市场行情持续上涨很久，出现急剧增加的成交量，而股价却上涨乏力，在高档盘旋，无法再向上大幅上涨，显示股价在高位大幅振荡、卖压沉重，从而形成股价下跌的因素。股价连续下跌之后，在低档出现大成交量，而股价却没有进一步下跌，仅小幅变动，此时是进货的信号。

（9）成交量应作为价格形态的确认。如果没有成交量的确认，价格形态将是虚的，其可靠性也就差一些。

三、涨跌停板制度下的量价关系分析

由于涨跌停板制度限制了股票一天的涨跌幅度，使多、空的能量得不到彻底的宣泄，容易形成单边市。很多投资者存在追涨杀跌的意愿，而涨跌停板制度下的涨跌幅度比较明确。在股票接近涨幅或跌幅限制时，很多投资者可能经不起诱惑，挺身追高或杀跌，形成涨时助涨、跌时助跌的趋势。此外，涨跌停板的幅度越小，这种现象就越明显。目前，在沪、深证券市场中，ST 板块的涨跌幅度由于被限制在5％，因而它的投机性也是非常强的，涨时助涨、跌时助跌的现象最为明显。

在实行涨跌停板制度的情况下，大涨（涨停）和大跌（跌停）的趋势能够继续下去，是以成交量大幅萎缩为条件的。拿涨停板时的成交量来说，在此前，看到价升量增，我们会认为量价配合好、涨势形成或会继续，可以追涨或继续持股；若上涨时成交量不能有效配合放大，说明追高意愿不强、涨势难以持续，应不买或抛出手中股票。但在涨跌停板制度下，如果某只股票在涨停板时没有成交量，那是卖主目标更高，想今后卖出好价，因而不愿意以此价抛出，买方买不到，所以才没有成交量。第二天，买方会继续追买，因而会出现续涨。然而，当出现涨停后中途打开，而且成交量放大，说明想卖出的投资者增加、买卖力量发生变化，有可能下跌。

类似地，在此前，价跌量缩说明空方惜售，后市可看好；若价跌量增，则表示跌势形成或继续，应观望或卖出手中的筹码。但在涨跌停板制度下，若跌停，买方寄希望于明天以更低价买入，因而缩手，结果在缺少买盘的情况下成交量小，跌势反而不止；反之，如果收盘仍为跌停，但中途曾被打开且成交量放大，说明有主动性买盘介入，跌势有望止住，盘升有望。

在涨跌停板制度下量价分析的基本判断为：

（1）涨停量小，将继续上扬；跌停量小，将继续下跌。

（2）涨停中途被打开次数越多、时间越久、成交量越大，反转下跌的可能性越大；同理，跌停中途被打开的次数越多、时间越久、成交量越大，则反转上升的可能性越大。

（3）涨停关门时间越早，次日上涨可能性越大；跌停关门时间越早，次日下跌可能性越大。

（4）封住涨停板的买盘数量大小和封住跌停板的卖盘数量大小说明买、卖盘的力量大小。这个数量越大，继续当前走势的概率越大，后续涨、跌幅度也越大。

第六节 技术指标分析

技术指标分析是技术分析法中又一个重要的工具，它是以股票价格、成交量及时间周期等市场内在要素为统计分析对象，通过各种数学模型、图表而进行的分析。

一、MACD（平滑异同移动平均线）

平滑异同移动平均线（moving average convergence divergence，MACD）是由杰拉尔德·阿佩尔（Gerald Appel）发展起来的，MACD是由从三个EMA（指数

移动平均）中得出的两条线构成的，见图 7－22。MACD 是 12 日 EMA 和 26 日 EMA 之间的差别线，它的信号线是 MACD 的 9 日 EMA。

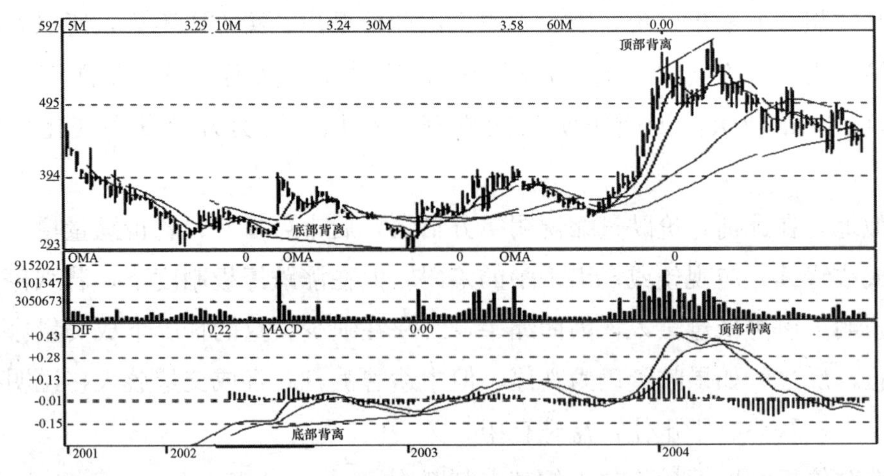

图 7－22　MACD

（一）用途

该指标主要是用长、短期平滑异同移动平均线的相对位置计算两者之间的差离值。该指标既可以除掉移动平均线经常出现的假信号，又保留了移动平均线的优点。但是，由于该指标对价格变动的灵敏度不高，属于中长线指标，所以在盘整行情中不适用。

（二）使用方法

（1）DIF 与 DEA 均为正值时，大势属多头市场。

（2）DIF 与 DEA 均为负值时，大势属空头市场。

（3）DIF 向上突破 DEA 时，可买进。

（4）DIF 向下突破 DEA 时，应卖出。

（三）计算公式

（1）MACD 由正负差（DIF）和异同平均数（DEA）两部分组成。当然，正负差是核心，DEA 是辅助。下面先介绍 DIF 的计算方法。

DIF 是快速平滑移动平均线与慢速平滑移动平均线的差，DIF 正负差的名称就由此而来。快速和慢速的区别是进行指数平滑时采用的参数大小不同，快速是短期的，慢速是长期的。下面以现在常用的参数 12 和 26 为例，对 DIF 的计算过程进行介绍。

第一，快速平滑移动线（EMA）是 12 日的，其计算公式为：

$$今日EMA(12)=\frac{2}{12+1}\times今日收盘价+\frac{11}{12+1}\times昨日EMA(12)$$

第二，慢速平滑移动平均线（EMA）是26日的，其计算公式为：

$$今日EMA(26)=\frac{2}{26+1}\times今日收盘价+\frac{25}{26+1}\times昨日EMA(26)$$

以上两个公式是指数平滑的公式，平滑因子分别为$\frac{2}{13}$和$\frac{2}{27}$。如果选择别的参数，则可依此办理。

DIF＝EMA(12)－EMA(26)

有了DIF之后，MACD的核心就有了。单独使用DIF也能进行行情预测，但为了使信号更可靠，我们引入了另一个指标DEA。

(2) DEA是DIF的移动平均，也就是连续数日的DIF的算术平均。因此，DEA又有了一个参数，就是进行算术平均的DIF的个数，即天数。

对DIF进行移动平均就像对收盘价进行移动平均一样，都是为了消除偶然因素的影响，使结论更可靠。

(3) 此外，在分析软件上还有一个指标叫柱状线（BAR）：

BAR＝2×(DIF－DEA)

(四) 注意事项

(1) ADX指示行情处于盘整时，不采用该指标。

(2) 对短线客来说，使用该指标时，可将日线图转变为小时图或者周期更短的图形。

(3) 若要修改该指标的参数，不论放大或缩小参数，都应尽量设定为原始参数的整数倍。

二、RSI（相对强弱指标）

该指标根据股价“择强汰弱”的原理，以某特定时期内股价的变动情况推测价格未来的变动方向，并根据股价的涨跌幅度显示市场的强弱。

(一) 用途

RSI是用以测量市场供需关系和买卖力道的方法及指标。

（二）使用方法

（1）RSI 的取值超过 50，表明市场进入强势。RSI 的取值低于 50，表明市场处于弱势。

（2）从 RSI 与股价的背离方面判断行情。

1）RSI 处于高位，并形成一峰比一峰低的两个峰，而此时对应的股价却是一峰比一峰高，这叫顶背离。股价这一涨是最后的衰竭动作，这是比较强烈的卖出信号。

2）RSI 在低位形成两个依次上升的谷底，而股价还在下降，这是最后一跌或者说接近最后一跌，是开始建仓的信号。

（3）短天期的 RSI 在 20 以下的水平，由下往上交叉长期的 RSI 时，为买进信号。

（4）短天期的 RSI 在 80 以上的水平，由上往下交叉长天期的 RSI 时，为卖出信号。

（5）连接 RSI 连续的两个底部，画出一条由左向右上方倾斜的切线。当 RSI 向下跌破这条切线时，是一个很好的卖出信号。

（6）连接 RSI 连续的两个峰顶，画出一条由左向右下方倾斜的切线。当 RSI 向上突破这条切线时，是一个很好的买进信号。

（三）计算公式

以收盘价低于前日收盘价时的价格降低值作为参数，RSI 的计算公式为：

$$RSI=100-\frac{100}{1+RS}$$

式中，RS 为特定天数里（王尔德建议为 14 天）上涨日的收盘变化值的平均数除以同样天数里下跌日的收盘变化值的平均数。

三、KDJ（随机指标）

KDJ 是由乔治·莱恩博士所创造的一个技术分析工具。KDJ 的主要依据是：当股价上涨时，收盘价倾向于接近当日价格区间的上端；相反地，当股价下跌时，收盘价倾向于接近当日价格区间的下端。

（一）用途

由于 KD 线是一个随机波动的概念，故其对于掌握中短期的行情走势十分准确。

（二）使用方法

（1）K值在80以上、D值在70以上为超买的一般标准，K值在20以下、D值在30以下为超卖的一般标准。

（2）当K值大于D值时，尤其是经过一段长期的跌势，K线从下方向上突破D线时，是买进的信号；反之，当D值大于K值，尤其是经过一段长期的升势，K线从上方向下突破D线时，是卖出的信号。

（3）若K线和D线的交叉突破在80或20左右，则买卖信号较为准确；如果这类交叉突破在50左右发生，走势又陷入盘局时，买卖信号可视为无效。

（4）J线大于100时为超买，小于10时为超卖。

（5）当K线和D线上升或下跌的速度减弱、倾斜度趋于平缓时，是短期转势的预警信号，这种情况在指数及大盘热门股中有普遍意义。

（6）当股价走势一浪比一浪高、随机指数的曲线一浪比一浪低时或股价走势一底比一底低、随机指数一底比一底高时，被称为“背离”。当随机指标与股价背离时，一般为转势的信号，表明中期或短期的走势有可能已见顶或见底，此时应做出正确的买卖决策。

（三）计算方法

以9日周期的KD线为例，首先算出最近9天的“未成熟随机值”（即RSV值）。RSV值的计算公式为：

$$\mathrm{RSV}_t=\frac{C_t-\mathrm{L9}}{\mathrm{H9}-\mathrm{L9}}\times 100$$

式中，C_t为当日收盘价；L9为9天内的最低价；H9为9天内的最高价。

从计算公式可以看出，RSV指标和WR的计算很类似。事实上，同周期的RSV值与WR值之和等于100，因而RSV值也介于0与100之间。得出RSV值后，便可求出K值与D值：K值为RSV值的3日平滑移动平均线，而D值为K值的3日平滑移动平均线。其计算公式为：

$$\mathrm{K}_t=\frac{\mathrm{RSV}_t}{3}+2\times\frac{\mathrm{K}_{t-1}}{3}$$

$$\mathrm{D}_t=\frac{\mathrm{K}_t}{3}+2\times\frac{\mathrm{D}_{t-1}}{3}$$

$$\mathrm{J}_t=3\times\mathrm{D}_t-2\times\mathrm{K}_t$$

如果没有KD的数值，就可以用当日的RSV值或50代替前一日的KD值。经过平滑运算之后，起算基期不同的KD值将趋于一致，不会有任何差异，K值与D值永远介于0和100之间。根据快、慢移动平均线的交叉原理，K线向上突破D线为买进信号，K线跌破D线为卖出信号。

四、WR（威廉指标）

威廉指标（Williams overbought/oversold index，WR）是由拉里·威廉斯（Larry Williams）于1973年在《我如何赚得一百万》（*How I Made A Million Dollars*）一书中首次提出的。该指标表示的是当天的收盘价在过去一段日子的全部价格范围内所处的相对位置，是一种兼具超买超卖和强弱分界的指标。

（一）用途

WR的主要作用在于辅助其他指标确认信号。

WR为测量行情振荡的指标，它应用了遇强则买、遇弱则卖的原理，属于分析市场短期买卖走势的技术指标。

（二）使用方法

1. 从WR的绝对取值方面考虑

（1）当WR高于80时，即处于超卖状态，行情即将见底，应当考虑买进。

（2）当WR低于20时，即处于超买状态，行情即将见顶，应当考虑卖出。

2. 从WR的曲线形状考虑

（1）在WR进入高位后，一般要回头，如果此时股价还继续上升，就产生背离，是卖出的信号。

（2）在WR进入低位后，一般要反弹，如果此时股价还继续下降，就产生背离，是买进的信号。

（3）WR连续几次撞顶（底），局部形成双重或多重顶（底），则是卖出（买进）的信号。

（三）计算方法

WR的计算主要是利用分析周期内的最高价、最低价及周期结束的收盘价三者之间的关系展开的。以日威廉指标为例，其计算公式为：

$$\mathrm{WR}=\frac{\mathrm{H}n-\mathrm{C}}{\mathrm{H}n-\mathrm{L}n}\times 100$$

式中，C 为计算日的收盘价；Ln 为 N 周期内的最低价；Hn 为 N 周期内的最高价；N 为选定的计算时间参数，一般为 4 或 14。

以计算周期 14 日为例，其计算过程如下：

$$WR14=\frac{H14-C}{H14-L14}\times100$$

式中，C 为第 14 天的收盘价；H14 为 14 日内的最高价；L14 为 14 日内的最低价。

WR 表示当天的收盘价在过去一段时间全部价格范围内所处的相对位置，因此计算出的 WR 位于 0 到 100 之间。WR 越接近 0，表明目前的价位越接近过去 14 日内的最低价；WR 越接近 100，表明目前的价位越接近过去 14 日内的最高价。

五、ROC（变动率指标）

以当日的收盘价和 N 天前的收盘价进行比较，通过计算股价某一段时间内收盘价变动的比例，应用价格的移动比较来测量价位动量。

（一）用途

N 的参数一般采用 12 天及 25 天作为间隔周期，计算 ROC 的 M 日移动平均线 ROCMA 时，M 的参数一般采用 6 天。

（二）使用方法

（1）ROC 向上突破零线、进入强势区域，表示多方力量强盛，是买入信号。

（2）ROC 向下跌破零线、进入弱势区域，表示空方做空动力强大，是卖出信号。

（3）当股价创新低时，ROC 未配合下降，即没有创新低、出现背离，表示下跌动能减弱、底部正在形成。

（4）当股价创新高时，ROC 未配合上升，即没有创新高、出现背离，表示上涨动能减弱、头部正在形成。

（三）计算公式

ROC 的计算公式为：

$$ROC=\frac{今天的收盘价-N\,日前的收盘价}{N\,日前的收盘价}\times100$$

$$ROCMA=ROC\,的\,M\,日移动平均价=\frac{ROC\,的\,M\,日累加}{M}$$

（四）注意事项

ROC 过于敏感，短期波动频率太快，当初的设计者使用了 ROCMA 作为平滑 ROC 的工具。

$$成交均价=\frac{个股成交额}{个股成交量}$$

$$ROC=\frac{今天的成交均价-N\,日前的成交均价}{N\,日前的成交均价}\times 100$$

$$ROCMA=ROC\,的\,M\,日移动平均价=\frac{ROC\,的\,M\,日累加}{M}$$

$$ROCEMA=\frac{2\times ROC+(X-1)\times 上一周期\,ROC}{X+1}$$

其中，参数的设置分别是：

$N=12$

$M=6$

$X=9$

六、PSY（心理线）

心理线（psychological line，PSY）是在研究心理趋向的基础上，将一定时期内投资者倾向买方或卖方的心理与事实转化为数值，形成测定人气、用以分析股价未来走势的技术指标。

（一）用途

PSY 通过一段时间内收盘价涨跌天数的多少探寻市场交易者的内心趋向，并以此作为买卖股票的参数。通常说来，在一段时间内，上涨是多方的力量，下跌是空方的力量。PSY 的取值是上涨天数占该段总天数的比率，以此来描述多空双方的力量对比。

（二）使用方法

（1）在盘整局面下，PSY 的取值应该在 50 附近，上、下限一般定为 25 和 75。PSY 的取值在 25～75，说明多空双方基本处于平衡状况。如果 PSY 的取值超出了这个平衡状态，就是超买或超卖。

（2）如果 PSY 的取值高得过头了或低得过头了，都是行动的信号。一般来说，

如果 PSY<10 或 PSY>90 这两种局面出现，可以果断地采取买入或卖出的行动。

(3) 当 PSY 第一次进入采取行动的区域时，往往容易出错，要等到第二次出现行动信号再采取行动才比较可靠。

(4) 如果 PSY 的曲线在低位或高位出现大的 W 底或 M 头，也是买入或卖出的行动信号。

(5) 当股价或指数不断创新高，而 PSY 却不再创新高，此为顶背离，预示着股价见顶，可考虑卖出；当股价或指数不断创新低，而 PSY 却不再创新低，此为底背离，预示着股价见底，可考虑买入。

(6) 用公式计算出来的 PSY 数值，超过 75 时为超买，低于 25 时为超卖；但在涨升行情时可将卖点提高到 75 之上，在下跌行情时可将买点降低至 25 以下。

(三) 计算公式

$$PSY=\frac{A}{N}\times 100$$

式中，N 为 PSY 的天数；A 为 N 天中股价上涨的天数。

判断上涨和下跌均以收盘价为标准。PSY 参数的选择较为灵活，一般选择的参数为 10 或大于 10。应该注意的是，参数选得越大，PSY 的取值范围越集中、越平稳；参数选得越小，PSY 取值范围上下的波动就越大。从多空对比来看，PSY 以 50 为中心，50 以上为多方市场，50 以下为空方市场。

(四) 注意事项

(1) PSY 既可用于大盘，也可用于个股。

(2) PSY 主要反映市场心理的超买或超卖。因此，当 PSY 在 25～75 的常态区域内移动时，为观望信号，一般不宜采取行动，应持观望态度。

(3) PSY 选取的设计参数、条件过于简单，只有涨或跌两个变数存在，因而对于行情的变化没有具体数量的反映、表现。

七、OBV（能量潮）

OBV 的英文全称是 on balance volume，可译为平衡交易量，是由美国的投资分析家葛兰碧（Joe Granville）所创。

(一) 用途

该指标通过统计成交量变动的趋势来推测股价趋势。OBV 以“N”字形为波动

单位，并且由许许多多“N”形波构成了OBV的曲线图，我们对一浪高于一浪的“N”形波，称其为“上升潮”（up tide），至于上升潮中的下跌回落则称为“跌潮”（down field）。

（二）使用方法

（1）当股价上升而OBV线下降时，表示买盘无力，股价可能会回跌。

（2）当股价下降而OBV线上升时，表示买盘旺盛，逢低接手，股价可能会止跌回升。

（3）当OBV线缓慢上升时，表示买气逐渐加强，为买进信号。

（4）当OBV线急速上升时，表示力量将用尽，为卖出信号。

（5）OBV线对双重顶第二个高峰的确定有较为标准的显示，当股价自双重顶第一个高峰下跌又再次回升时，如果OBV线能够随股价趋势同步上升且价量配合，则可持续多头市场并出现更高峰。相反，当股价再次回升时OBV线未能同步配合，反而下降，则可能形成第二个顶峰，完成双重顶的形态，而后股价反转下跌。

（6）当OBV线从正的累积数转为负数时，为下跌趋势，应该卖出所持股票；反之，当OBV线从负的累积数转为正数时，应该买进股票。

（7）OBV线最大的用处在于观察股市盘局整理后，何时会脱离盘局以及突破后的未来走势，OBV线的变动方向是重要的参考指数，其具体的数值并无实际意义。

（三）计算公式

OBV的计算公式很简单，首先假设已经知道了上一个交易日的OBV，就可以根据今天的成交量以及今日收盘价与上一个交易日收盘价的比较计算出今天的OBV。用数学公式可表示如下：

今日OBV＝昨天OBV＋sgn×今天的成交量

式中，sgn为符号的意思，sgn可能是＋1，也可能是－1。

sgn＝＋1　　今日收盘价≥昨日收盘价

sgn＝－1　　今日收盘价＜昨日收盘价

成交量是指成交股票的手数，而不是成交金额。

（四）注意事项

当OBV出现超过一个月以上、大致接近水平的横向移动时，代表市场正处于

盘整期，大部分没有耐心的投资者已经纷纷离场，此时正是黎明前的黑暗，大行情随时都有可能发生。

八、SAR（停损点）

SAR又称抛物线指标或停损转向操作点指标。停损点（stop and reverse，SAR）是由美国技术分析大师韦尔斯·怀尔德（Wells Wilder）创立的。SAR有两层意思：一是“停损、止损”的意思；二是“反转”和“反向操作”的意思。

（一）用途

该指标又称抛物线指标。随着股价的逐步上涨，SAR上升的速度会加快，一旦股价上涨的速度跟不上SAR，或者股价反转下跌，SAR都会紧跟，一见苗头不对，投资者就可以参考股价跌破SAR的信号马上溜之大吉，免得被套牢。该指标代表应买进或抛售的价位及转折点，盘整时该指标无效，是比较准确的中短期技术分析工具。

（二）使用方法

（1）股价曲线在SAR曲线之上时，为多头市场。

（2）股价曲线在SAR曲线之下时，为空头市场。

（3）股价曲线由上向下跌破SAR曲线时，为卖出信号。

（4）股价曲线由下向上突破SAR曲线时，为买进信号。

（三）计算公式

（1）画SAR之前，首先要确定开始画的第一天是属于多头趋势还是空头趋势。

（2）如果第一天属于多头趋势，则第一天的SAR一定是4天来的最低点（包括今天在内）。

（3）找出第一天的SAR之后，紧接着计算下一天的SAR：

$$下一天的SAR=第一天的SAR+0.02\times XP$$

$$XP=第一天的最高点-第一天的SAR$$

（4）第二天收盘时，又可以计算出第三天的SAR。

若

$$第二天的最高价>第一天的最高价$$

则

第三天的 SAR=第二天的 SAR+0.04×XP

XP=第二天的最高点−第二天的 SAR

只要最高价大于前一天的最高价，则其乘数因子一律增加 0.02。如果一直增加下去，最高只能增加至 0.2，而后一律以 0.2 为乘数因子。

如果最高价不大于前一天的最高价，则第三天的 SAR 和第二天的 SAR 相同，而且乘数因子也不必累加。在第三天收盘后，依上述步骤持续在每日价格下方画出 SAR，直到某一天的收盘价跌破 SAR，则代表行情转为空头、应卖出股票，而行情转为空头的当天，立即将四天来的最高点作为次日的空头 SAR。

（5）若反转后第二天的最低点不小于前一天的最低点，则 SAR 与前一天的 SAR 相同。

请注意，即使 SAR 与前一天的 SAR 相同，也必须在图形上画出来。

（6）若反转后第二天的最低点小于前一天的最低点，则

第三天的 SAR=第二天的 SAR+0.02×XK

XK=第二天的最低价−第二天的 SAR

第三天以后持续依照上述步骤，在每日价格上方画出 SAR，直到某一天收盘价向上突破 SAR，代表行情为多头、应买进股票，而行情转为多头的当天，立刻按照前述步骤设定 SAR。

（四）注意事项

SAR 作为停止损失卖出点，是一种安全性的考虑。投资者可以按照 SAR 的向上突破信号买进股票，而以 SAR 的向下突破信号为获利点。若以 SAR 搭配任一种指标使用，无论投资者选择哪一种指标协助购买股票，一旦买进股票之后，可以全部交给 SAR 管理，并把 SAR 的卖出信号当成获利点，同时也可以将 SAR 当成应付突发状况的停损点。但是，SAR 在股价盘整期无法使用。

一般 SAR 的参数设定为 4 天。

九、EMV（简易波动指标）

EMV 是根据成交量和人气的变化，构成一个完整的股价系统循环，让投资者在人气聚集且成交热络的时候买进股票，并在成交量逐渐出现无力，而狂热的投资者尚未察觉能量即将用尽时卖出股票。

（一）用途

股价在下跌的过程中，由于买气不断萎缩，致使成交量逐渐减少，EMV 数值也随之下降，直到股价下跌至某一个合理支撑区，捡便宜货的买单促使成交量再度活跃，EMV 数值于是反向攀升。当 EMV 数值由负值向上趋近于零时，表示部分信心坚定的资金成功地扭转了股价的跌势，行情不但反转上扬，而且形成了另一个买进信号。

行情的买进信号发生在 EMV 由负值转为正值的一刹那，然而随着股价的上涨，成交量并不会很大，一般仅呈缓慢的递增，这种稳定适中的成交量促使 EMV 向上攀升。由于头部通常是成交量最集中的区域，因此市场人气聚集越来越多，直到出现大交易量时，EMV 会提前反应并下降，而后逐渐趋近于零。一旦 EMV 由正值变成负值，行情已可确定正式反转，形成新的卖出信号。

（二）使用方法

（1）EMV 在 0 以下表示弱势，在 0 以上表示强势。

（2）EMV 由负转正应买进。

（3）EMV 由正转负应卖出。

（4）如果较少的成交量便能推动股价上涨，则 EMV 会升高；相反，股价下跌时也仅伴随较少的成交量，则 EMV 将降低。此外，倘若价格不涨不跌，或者价格的上涨和下跌都伴随较大的成交量，则 EMV 会趋近于零。

（5）EMV 曲线大部分集中在 0 轴下方，这个特征是 EMV 的主要特色。由于股价下跌时一般成交量较少，EMV 自然位于 0 轴下方，当成交量放大时，EMV 又趋近于 0。这可以说明 EMV 的理论中，无法接受股价在涨升过程中不断出现消耗力气的高成交量，反而认同缓慢的上涨能够保存一定的元气，促使涨势走得更远更长。从另一个角度说，EMV 重视长久且能产生足够利润的行情。关于 EMV 和 EMV 的平均线，两线的交叉并无意义，而选择以 EMV 平均线跨越 0 轴为信号，所产生的交易成果更令人满意。

（三）计算公式

$$A=\frac{TH+TL}{2}$$

$$B=\frac{YH-YL}{2}$$

$$MID = A - B$$

$$BRO = \frac{VOL}{H - L}$$

$$REM = \sum (MID/BRO)$$

$$EMV = \frac{REM}{14} \text{(画实线)}$$

$$EMVA = SUM \frac{EMV1 + EMV2 + \cdots + EMV9}{9} \text{(画虚线)}$$

本章思考题

1. 学习 K 线分析方法。
2. 道氏理论的基本含义是什么？
3. 如何利用技术分析方法分析股票？

第三部分

证券投资实验指导

本部分对证券投资涉及的常用内容进行了模拟实验，第 8 章对证券投资实验的过程进行了说明，第 9 章主要对期货期权实验部分进行了介绍。

第8章 证券分析软件的使用

本章对证券分析软件的使用环境和一些操作做了介绍。

第一节 证券分析软件的介绍

一、实验目的

(1) 了解证券分析软件的构成。

(2) 了解证券市场的行情资讯和交易系统。

(3) 了解证券分析软件的操作方法。

(4) 理解大盘和分时走势图的含义。

(5) 了解各个行情指标的作用和意义。

二、实验要求

(1) 熟悉证券分析软件模拟教学系统。

(2) 了解证券分析软件的系统结构和作用。

（3）掌握证券分析软件的使用和操作。

三、实验内容与步骤

步骤1：证券分析软件模拟教学系统简介。

采用模拟系统（参考海通证券的交易系统）进行实验教学。该系统提供金融市场的行情资讯和交易系统，能够使广大学生在一个逼真的环境中直观、形象地理解所学的各种证券知识，并能亲自动手模拟交易，体会各种投资判断的最终结果，进而提高学生的投资判断力和风险承受力，对学生将来从事真正的交易有很好的指导意义。

1. 运行环境

操作系统：中文 Windows 2000 SP4、中文 Windows XP、中文 Windows 2003、Windows Vista 等。

硬件最低配置：PⅢ 800MHz+256MB 内存以上。

2. 实验室解决方案示意图

实验室的示意图如图 8-1 所示。

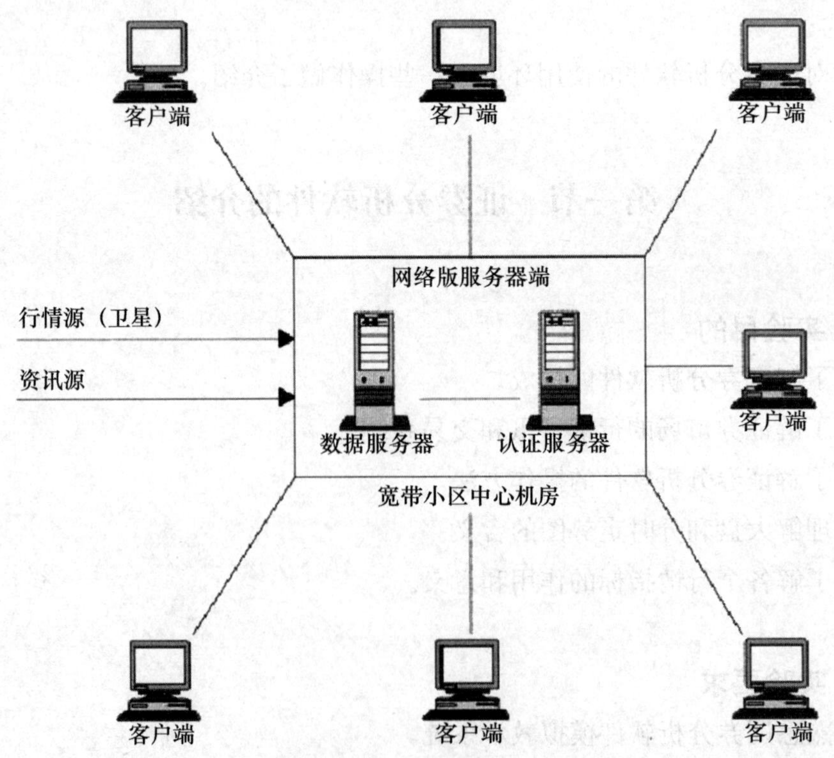

图 8-1 实验室的示意图

步骤 2：证券分析软件的使用和操作。

下面先介绍构成软件界面的基本元素以及可以从中获得的信息和实现的功能。

1. 菜单总体说明

如果对证券分析软件还不熟悉，那么通过菜单栏就可以找到所有它能够实现的功能，见图 8－2。

系统(F) 报价(Q) 即时(R) 技术(T) 资讯(I) 工具(S) 窗口(W) 帮助(H)

图 8－2 证券分析软件的菜单

目前，该证券分析软件包括 7 个菜单项：

（1）报价（Q）：市场类型与板块的选择。

（2）即时（R）：实时行情分析选择。

（3）技术（T）：盘后等技术分析选择。

（4）资讯（I）：行情服务器发送的资讯。

（5）工具（S）：设置、工具、辅助功能。

（6）窗口（W）：界面选择。

（7）帮助（H）：帮助功能选择。

各主菜单下的相关子菜单内容会因所选市场不同、分析界面不同而有相应的变化。

2. 指数信息栏和时事信息栏

在画面最底端有两行信息，即指数信息栏和时事信息栏。

（1）指数信息栏，见图 8－3。

沪指 2333.95 ▼13.23 -0.56% 96.18亿 深指 9801.90 ▼39.49 -0.40% 100.29亿 中小板指 4640.84 ▼39.49 -0.84% 8.55亿 沪深300 2532.

图 8－3 指数信息栏

说明：①沪指、涨跌、成交金额（亿）：鼠标单击此处即可直接切换到上证指数分时走势图。
②深指、涨跌、成交金额（亿）：鼠标单击此处即可直接切换到深证成指分时走势图。
③中小板指、涨跌、成交金额（亿）：鼠标单击此处即可直接切换到 180 指数分时走势图。

（2）时事信息栏，见图 8－4。

图 8－4 时事信息栏

说明：显示当天的时事信息，对操作提供帮助。

3. 数据信息窗口

数据信息窗口在画面的右上方。这个窗口显示了当天该品种的各种信息，几乎所有的数据都要看这个地方。

(1) 大盘信息窗口显示的数据包括成交、涨跌、涨幅、昨收、开盘、最高、最低、总手、金额、委比、委差、上涨家数、平盘家数、下跌家数等，见图 8－5。

图 8－5　大盘信息窗口

说明：①成交：最新的指数。

②涨跌：最新－昨收。

③涨幅：涨跌/昨收。

④总手：到最近所有成交手数之和。

⑤金额：到最近所有成交额之和。

⑥委比：

$$委比=\frac{委买五档手数之和-委卖五档手数之和}{委买五档手数之和+委卖五档手数之和}\times 100\%$$

委比的变化范围为（－100%，100%）。

⑦委差：

委差＝委买五档手数之和－委卖五档手数之和

⑧上涨家数：最近上涨的家数。

⑨平盘家数：最近平盘的家数。

⑩下跌家数：最近下跌的家数。

(2) 个股信息窗口显示的数据包括：卖⑤、卖④、卖③、卖②、卖①；买①、买②、买③、买④、买⑤；成交、开盘、幅度、最高、总手、最低、现手、换手/全价；均价、涨跌、总额、市盈/利息/净值、委比、量比、涨停、跌停等，见图 8－6。

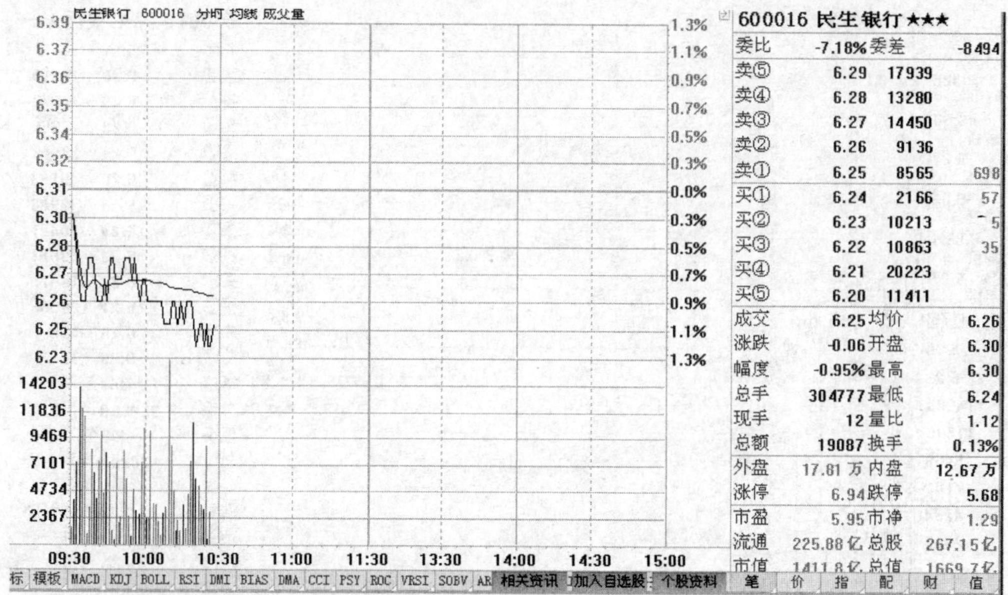

图 8-6　个股信息窗口

说明：①卖⑤、卖④、卖③、卖②、卖①：该个股当前时刻委托卖出的第五低、第四低、第三低、第二低、最低价格。

②买①、买②、买③、买④、买⑤：该个股当前时刻委托买入的最高、次高、第三高、第四高、第五高价格。

③幅度：

$$幅度=(涨跌/昨收)\times 100\%$$

④涨跌：

$$涨跌=最新-昨收$$

⑤总手：当日到最近 1 笔为止，该个股所有累计成交手数的总和。
⑥开盘：该个股当日的第 1 笔成交价格。
⑦最高：当日到最近 1 笔为止，该个股成交的最高价格。
⑧最低：当日到最近 1 笔为止，该个股成交的最低价格。
⑨均价：

$$均价=累计成交金额/累计成交量$$

⑩量比：是评价当日累计成交量的指标。

$$量比=\frac{当日累计成交量}{过去5日每分钟平均量\times 当前开市多少分钟}$$

⑪换手：

$$换手=\frac{阶段内成交量}{普通股股份总数}$$

学生可以根据需要，将阶段周期设置为 1～5 天。
⑫市盈：市盈率，为每股市场价/每股税后净利润（摊薄）。
⑬外盘：到最近 1 笔为止，当日所有靠近委卖价成交的手数总和。
⑭内盘：到最近 1 笔为止，当日所有靠近委买价成交的手数总和。

（3）即时明细小窗口。即时明细小窗口在画面的左方。在分时走势画面和技术分析画面上，单击鼠标左键就可以让它显示或隐藏，见图 8-7。即时明细小窗口是鼠标所在位置那一分钟的信息。

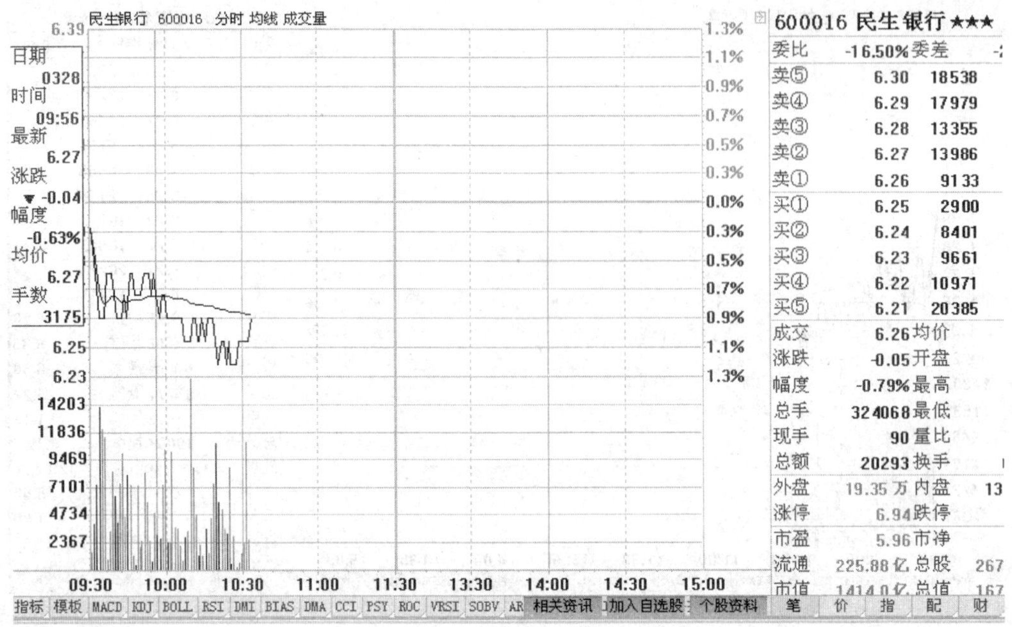

图 8-7 即时明细小窗口 1

说明：①时间：鼠标所在的时间。
②最新：鼠标所在位置的价格。
③涨跌：鼠标所在位置的价格－昨收盘价。
④均价：

$$均价=累计成交额/累计成交量$$

⑤手数：鼠标所在位置的成交手数。
⑥日期：鼠标所在位置的日期。
⑦幅度：

$$幅度=\frac{涨跌}{昨收}\times 100\%$$

即时明细小窗口还可以显示某一日的数据，见图 8-8。

步骤 3：了解大盘领先指标和分时走势图。

分时走势图又称即时走势图，是把股票市场中的交易数据实时地用连续曲线在坐标图上加以显示的技术图形。其中，横坐标是市场交易的时间，纵坐标的上半部分是股价或指数，下半部分显示的是成交量。

分时走势图又分为指数分时走势图（见图 8-9）和个股分时走势图（见图 8-10），两者在画面上有所不同。

在指数分时走势图中有两种不同的画面，图 8-11 是我们常用的走势画面。

实线表示上海证券交易所对外公布的通常意义上的大盘指数，也就是按个股总股本进行加权计算得出的大盘指数。

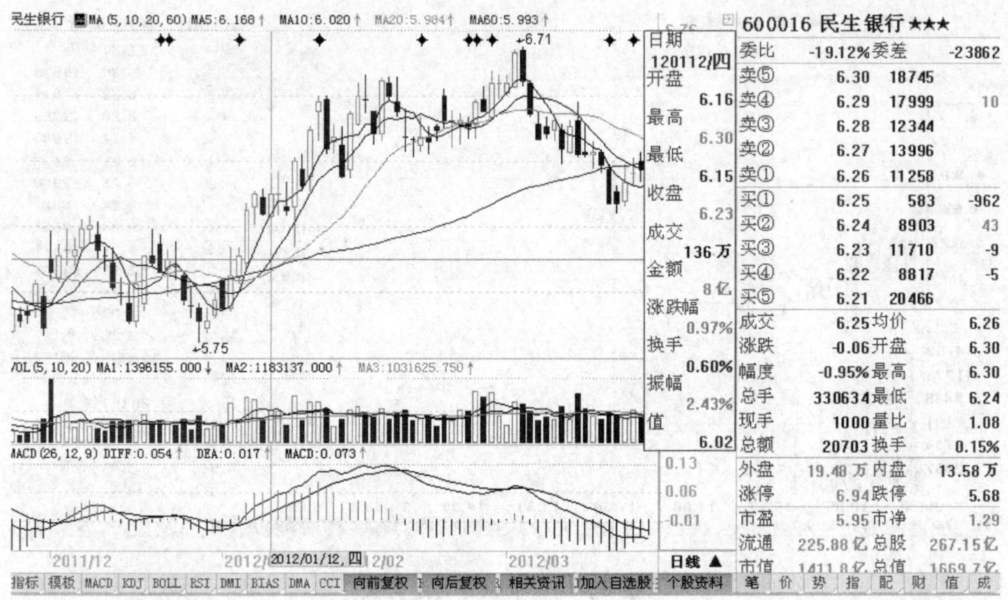

图8-8 即时明细小窗口2

说明：①开盘：鼠标所在当日的开盘指数。
②最高：鼠标所在当日的最高指数。
③最低：鼠标所在当日的最低指数。
④收盘：鼠标所在当日的收盘指数。
⑤成交：鼠标所在当日的成交手数之和。
⑥金额：鼠标所在当日的成交金额之和。

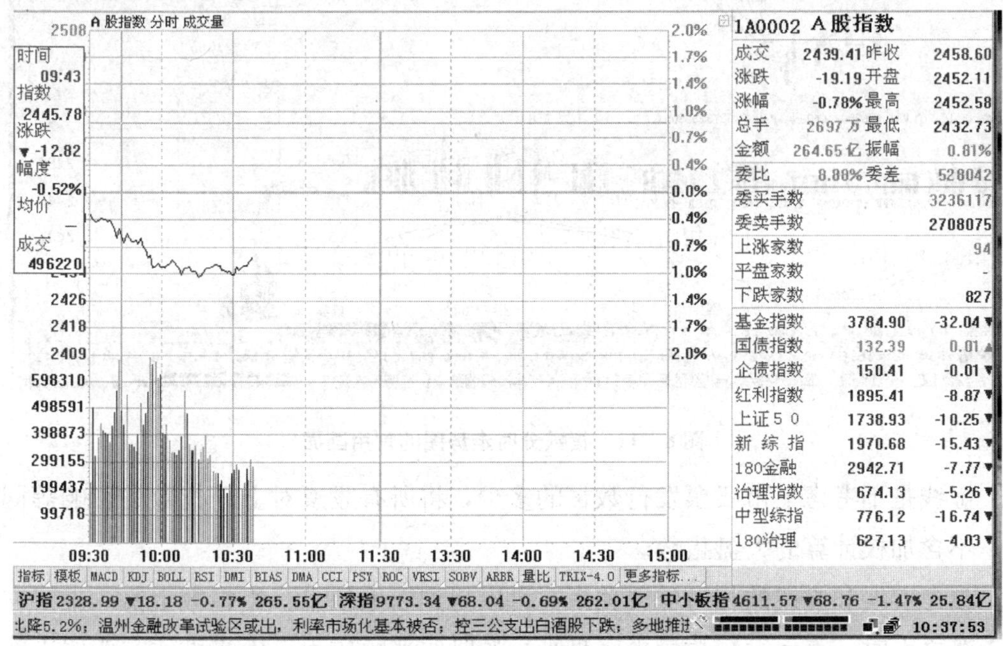

图8-9 指数分时走势图

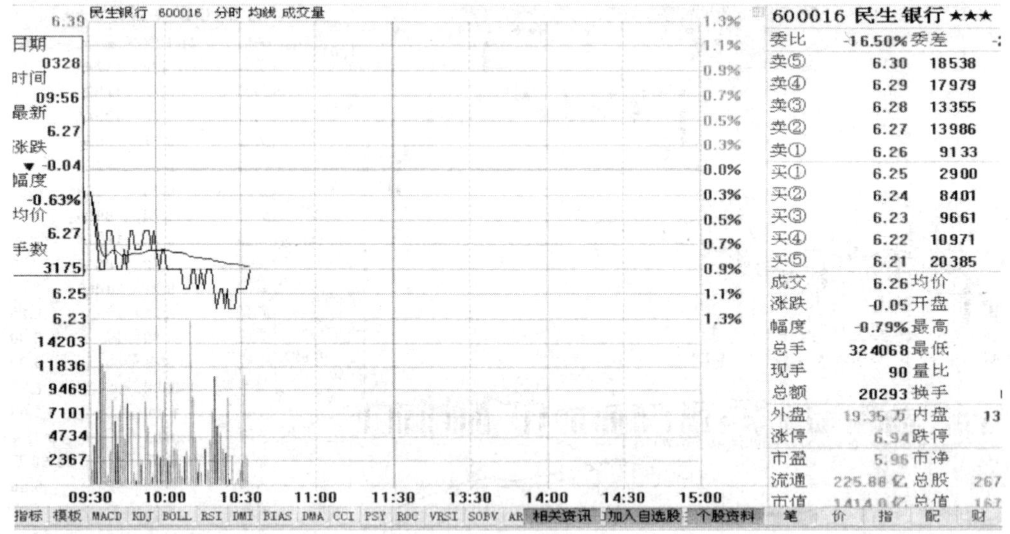

图 8－10　个股分时走势图

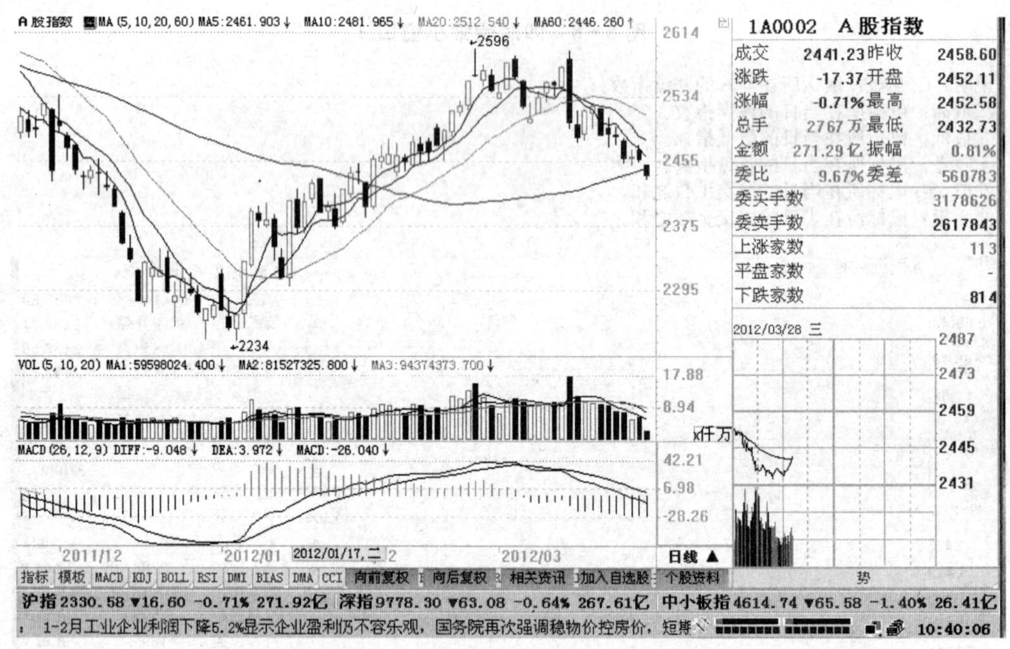

图 8－11　指数分时走势图的常用画面

虚线是不考虑上市股票发行数量的多少，将所有股票对上证指数的影响等同对待，不含加权计算的大盘指数。

参考实线和虚线的相对位置关系，可以得到以下信息：当指数上涨、虚线在实线走势之上时，表示发行数量少（盘小）的股票涨幅较大；而当虚线在实线走势之下时，表示发行数量多（盘大）的股票涨幅较大。当指数下跌时，如果虚线仍在实线之上，表示小盘股的跌幅小于大盘股的跌幅；如果实线反居虚线之上，表示小盘股的跌幅大于大盘股的跌幅。

空心、实心的柱状线反映当前市场所有股票的即时买盘与卖盘的数量对比情况。空心柱增长，表示买盘大于卖盘，指数将逐渐上涨；空心柱缩短，表示卖盘大于买盘，指数将逐渐下跌；实心柱增长，指数下跌量增加；实心柱缩短，指数下跌量减小。

画面下方的细柱线表示市场中每分钟的成交量，单位为手（一手＝100股）。

步骤4：掌握开盘价、收盘价、委比、量比、内盘、外盘的含义与运用。

（1）前收盘价：前一交易日或前一天收盘前最后一笔交易的成交价格，反映多、空双方交战的结果。

（2）开盘价：是一天交易开始时的第一笔成交价，目前深、沪两市实行集合竞价。

（3）最高价：是一天交易中的最高成交价格。

（4）最低价：是一天交易中的最低成交价格。

（5）买进价：委托买入的价格。

（6）卖出价：委托卖出的价格。

（7）成交价：成交价有低于、等于买入价，高于、等于卖出价，在买入价和卖出价之间五种。

（8）成交量：全日成交的总量（股数、金额）。

（9）涨跌幅：

$$\text{涨跌幅}=\frac{\text{现价}-\text{前收盘价}}{\text{前收盘价}}\times 100\%$$

（10）委买手数：现在所有委托买入下三档手数相加的总和。

（11）委卖手数：现在所有委托卖出上三档手数相加的总和。

（12）委比：委买手数与委卖手数之差除以委买手数与委卖手数之和。委比正值大，买方比卖方强；反之，卖方比买方强。

$$\text{委比}=\frac{\text{委买手数}-\text{委卖手数}}{\text{委买手数}+\text{委卖手数}}\times 100\%$$

（13）均价：

$$\text{均价}=\frac{\text{分时成交量}\times\text{成交价}}{\text{总成交股数}}$$

(14) 量比：

$$量比=\frac{现手总手数}{\frac{五日平均总手数}{240}\times 目前已开市之分钟数}$$

(15) 外盘：成交价是卖出价为外盘。

(16) 内盘：成交价是买入价为内盘。

内盘+外盘=总手数

(17) 成交明细表：每一分钟成交之明细。成交手数为红色表示股价高于前一天收盘价，成交手数为绿色表示股票价格低于前一天收盘价。

(18) 分价表：截至目前的成交量依成交价列出成交在该价位的累计量。

(19) 领先指标：实线为加权指数曲线，虚线为不加权指数曲线。指数上涨，虚线在实线上，小盘股比大盘股的涨幅大；指数下跌，虚线在实线上，小盘股比大盘股的跌幅小。

步骤5：常用操作说明。

1. 键盘精灵

按键后出现键盘精灵框，在右下脚文本框中输入股票代码、拼音简称、中文查看不同股票的走势图。系统具有智能代码匹配功能（如要查看“四川长虹”的股票走势，可输入拼音SCCH、最简单拼音CH或中文“长虹”等进行选择）。

2. 市场选择及报价分析

我们可以通过主菜单或市场工具条上的相关项选择需要的市场，查看其报价分析。利用快捷键1、2、3、4可直接调出上A、上B、深A、深B的报价功能。

(1) 按表格列排序。用鼠标点击报价中的表格列名，报表将按此表格列的降序排列；再次点击，将按此表格列的升序排列。

(2) 直接查看个股走势。在报表中双击某个股，即可进入其分时走势或K线图界面。在个股界面按ESC键（或其他返回操作）可返回本界面。双击进入个股界面后，如果进行翻页（PgUp，PgDn，或鼠标滚轮），则按本界面的股票排序方式改变股票，直到进行了其他改变股票范围的操作（如在键盘精灵中直接输入股票代码或名称切换到其他股票，进入其他报表页面等）。

(3) 鼠标右键菜单。根据鼠标所在的位置，报价界面共有2组不同的右键菜单：在表头字段处的菜单是针对字段选择与设置的内容，见图8-12；在数据处的菜单是界面切换及个股操作的相关内容［在数据处的菜单也有两种：非自选股（见图8－13）和自选股（见图 8－14）。它们的菜单也是不同的］。

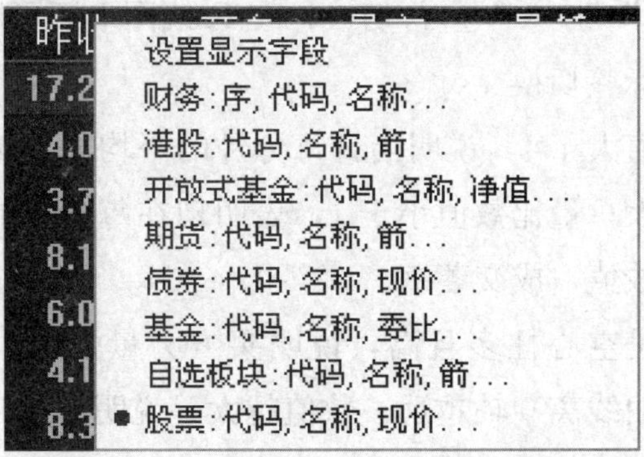

图 8－12　在表头字段处的右键菜单

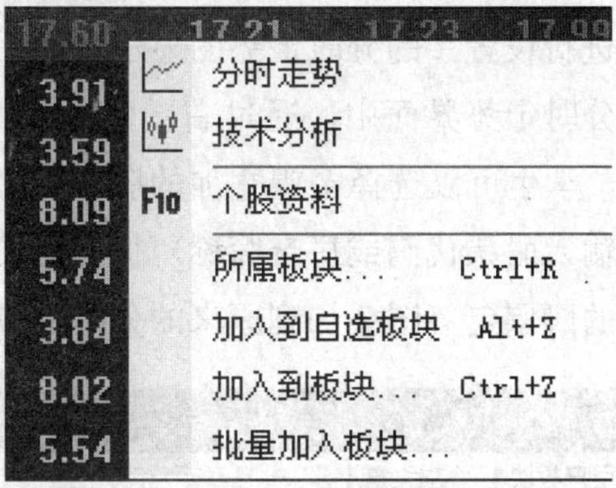

图 8－13　在数据处的右键菜单（非自选股）

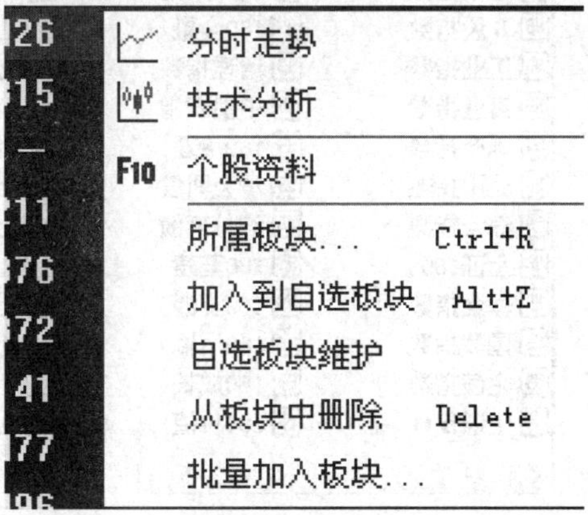

图 8－14　在数据处的右键菜单（自选股）

3. 分时图及 K 线图

可以通过快捷键 F5、F3、F4 或相应的菜单项进入到个股分时、指数分时或技术分析界面来查看相应的分时走势或技术分析。

（1）切换技术指标。

①通过快捷键“/”和“.”进行切换；在K线图上还可以通过右键菜单“选择指标”和下方的指标标签切换。

②量比。量比数值大于1，说明当日每分钟的平均成交量大于过去5个交易日的平均数值，成交放大；量比数值小于1，表明现在每分钟的平均成交量比不上过去5个交易日的平均数值，成交萎缩。

③买卖力道。若是空心柱多且高，说明买方力量强大；反之，则卖方力量强大。委买曲线和委卖曲线离0轴越远、数值越大，说明市场越是活跃。通过买卖力道图，可以定性地判断大盘实时的多空对比态势。

（2）多股票组合。将多只股票（缺省为四只股票，可以在【工具】→【系统设置】的基本参数设置中进行设置）的分时走势图显示在同一个界面。

（3）叠加。在个股分时走势界面中，通过右键菜单选择“叠加股票”，弹出如图8-15所示的对话框，学生可以选择希望叠加的股票。另外，学生也可以在此界面通过键盘精灵（直接输入股票代码或拼音简称）得到需要叠加的股票，点击【确定】按钮，就可将选中的股票走势图叠加到原来的分时走势图上。

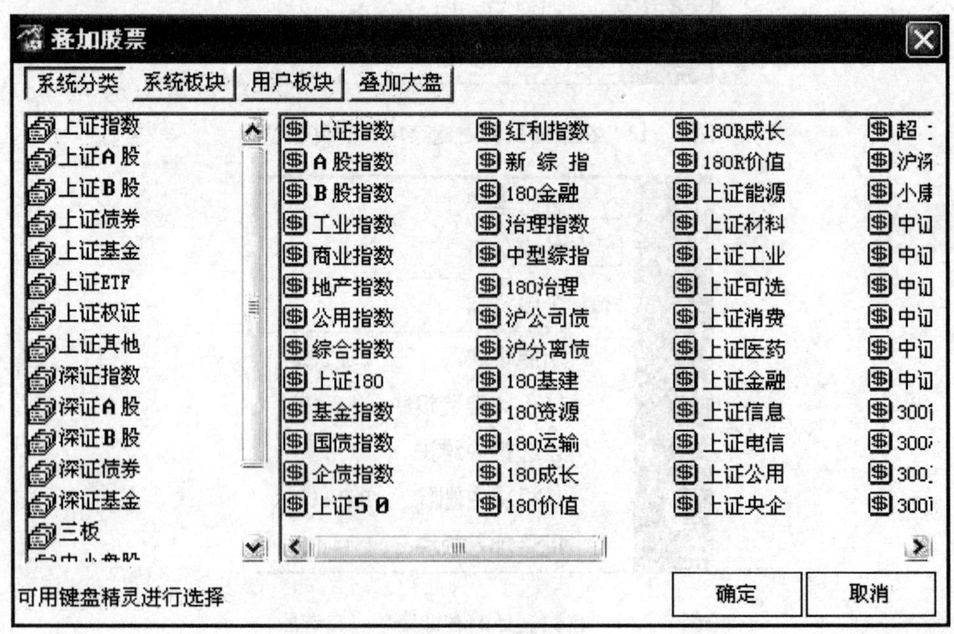

图8-15 叠加股票

4. 多日分时

在同一个界面连续地显示同一品种的 N 日分时走势图。点击鼠标右键，在右键菜单中选择“多日分时走势”，选择某几日的分时走势图即可，系统将显示从当前日开始计算，往前一共 N 日的分时走势图数据，最多可以显示 10 日的分时走势图。学生也可以通过快捷键 ALT＋N 切换到最近 N 日的分时走势图。

四、实验报告

学生须根据实验内容填写实验报告。

报告内容：

(1) 说明对证券交易和证券分析软件的认识。

(2) 对开盘价、收盘价、委比、量比、内盘、外盘等如何运用？举例说明。

第二节　证券交易

一、实验目的

学生通过真实的股票开户、委托下单等功能，体验真正的交易流程。该实验提供金融市场的行情资讯和交易，能够使学生把所学的各种股票、债券、基金知识在一个逼真的环境中得到直观、形象的验证，并能亲自动手模拟交易，体会各种投资判断的最终结果，对学生将来从事金融领域的真正交易具有很好的指导意义。

二、实验要求

(1) 了解股票交易系统。

(2) 设立股票和资金账户。

(3) 理解并掌握证券交易的主要原则和规则。

(4) 掌握股票和基金交易的主要程序及操作环节。

三、实验内容与步骤

步骤 1：点击桌面上的模拟股票客户端，启动软件，见图 8-16。

海通证券 www.htsec.com 财富账户

行情+交易　独立交易　认证行情　独立行情

登录方式　资金账号　海通总部　隐藏账号

资金账号　记住账号

交易密码　软键盘

安全方式　通讯密码　软键盘

使用指南　通讯设置　站点测速　预约开户　登录　退出

版本：1.29.004

股市有风险，入市需谨慎

图 8-16　模拟股票软件登录界面

步骤 2：设立股票和资金账户。

为每一个学生设立一个登录名，双击后，软件会启动。

每天的交易时间为 9:30—15:00。

步骤 3：交易操作。

1. 买入股票

(1) 功能说明：主要实现买入股票的委托。

(2) 操作说明：

①用鼠标点击【买入】按钮后，如图 8-17 所示。

图 8-17　买入股票界面

②选择股东账号，输入股票代码、委托价格、委托数量，点击【委托】按钮确

认。在点击【委托】按钮后会出现一个提示框，让股民确定是否进行下一步的操作。

2. 卖出股票

（1）功能说明：主要实现卖出股票的委托。

（2）操作说明：

①用鼠标点击【卖出】按钮后，如图 8－18 所示。

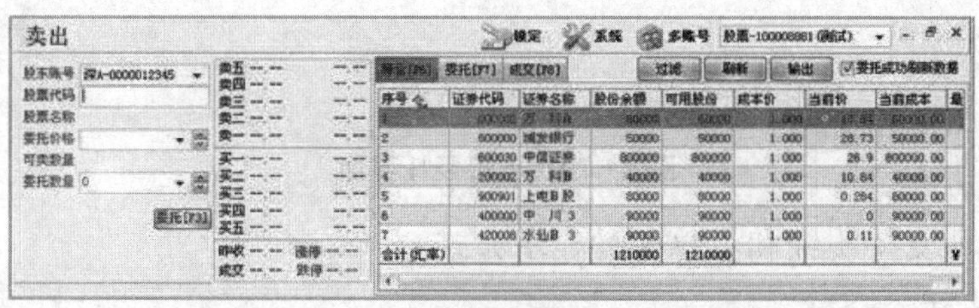

图 8－18 卖出股票界面

②选择股东账号，输入股票代码、委托价格、委托数量，点击【委托】按钮确认。随后，将出现一个提示框让股民确定是否进行下一步的操作。卖出股票的功能与买入股票的功能类似，可直接进行代码卖出，也可直接选择持仓中的股票进行卖出。

3. 撤单

（1）功能说明：显示出当日委托的未撤单的所有记录，可以完成撤单的操作。

（2）操作说明：用鼠标点击【撤单】按钮后，系统将显示出当日委托的未撤单的所有记录。根据下拉式菜单选择明细或汇总的方法进行显示，如图 8－19 所示。

图 8－19 撤单操作界面

通过点击【全选】或自己勾选需要撤单的记录，点击【撤单】按钮进行撤单。

4. 当日委托

（1）功能说明：显示当日委托股票的详细情况。

(2) 操作说明：用鼠标点击【当日委托】按钮后，系统将自动显示当日委托股票的详细情况，如委托时间、合同号、证券代码、证券名称、买卖方向、委托数量、委托价格、股东代码，如图 8-20 所示。

图 8-20 当日委托界面

委托功能可支持明细和汇总两种显示方式。

5. 当日成交

(1) 功能说明：显示当日委托股票的成交情况。

(2) 操作说明：用鼠标点击【当日成交】按钮后，如果当日没有成交的记录，则会相应显示一个提示框，如图 8-21 所示。

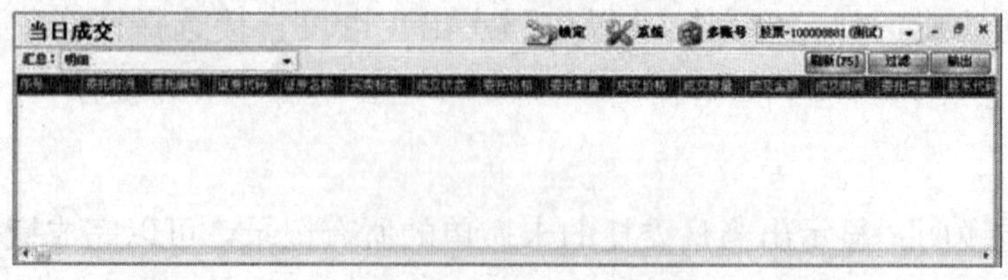

图 8-21 当日成交界面

当日成交功能也支持明细和汇总两种显示方式。

6. 查询历史委托

用鼠标点击【历史委托】按钮后，如图 8-22 所示。

图 8-22 历史委托界面

7. 账户查询

用鼠标点击【账户查询】按钮后，如图 8-23 所示。

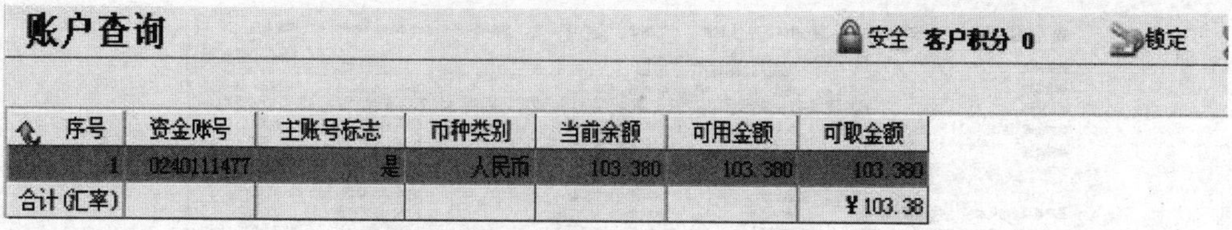

账户查询 安全 客户积分 0 锁定

序号	资金账号	主账号标志	币种类别	当前余额	可用金额	可取金额
1	0240111477	是	人民币	103.380	103.380	103.380
合计(汇率)						¥103.38

图 8-23 账户查询界面

8. 基金认购（基金）

用鼠标点击【基金认购】按钮后，输入基金代码和认购资金，如图 8-24 所示。

图 8-24 基金认购界面

我们也可以直接双击基金持仓中的基金，用来取代输入代码操作。点击【委托】后会出现一个提示框，让股民确定是否进行下一步的操作。

9. 基金申购（基金）

用鼠标点击【基金申购】按钮后，输入基金代码和申购资金，如图 8-25 所示。

图 8-25 基金申购界面

我们也可以直接双击基金持仓中的基金，用来取代输入代码操作。点击【委托】按钮后会出现一个提示框，让股民确定是否进行下一步的操作。

10. 基金赎回（基金）

用鼠标点击【基金赎回】按钮后，输入基金代码和赎回份额，如图 8-26 所示。

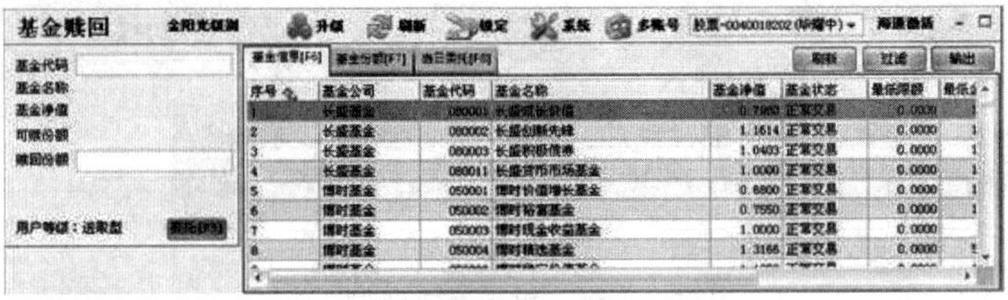

图 8－26　基金赎回界面

我们也可以直接双击基金份额中的基金，用来取代输入代码操作。点击【委托】按钮后会出现一个提示框，让股民确定是否进行下一步的操作。

11. 查询份额（基金）

用鼠标点击【查询份额】按钮后，系统会自动显示当前账户的所有基金份额，如图 8－27 所示。

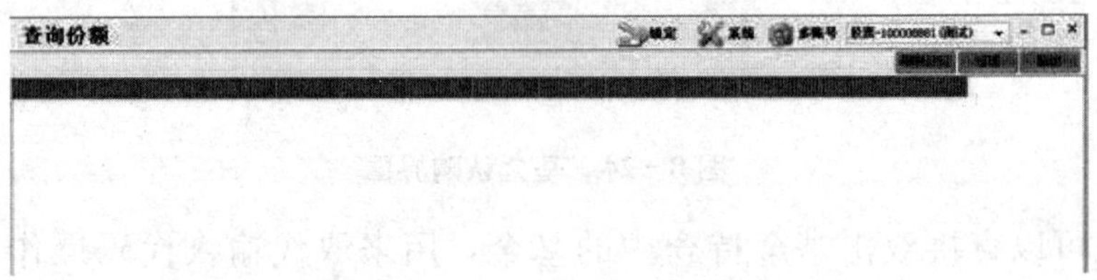

图 8－27　查询份额界面

12. 成交查询（基金）

用鼠标点击【成交查询】按钮后，系统将自动显示查询成交的开始和结束日期，如图 8－28 所示。

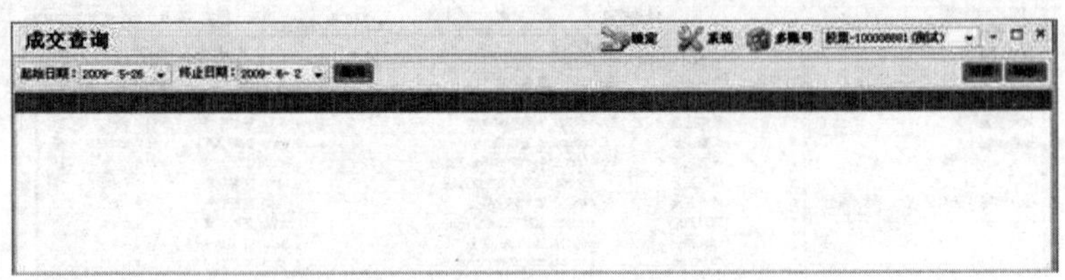

图 8－28　成交查询界面

13. 基金开户（基金）

用鼠标点击【基金开户】按钮后，主要是完成学生基金开户的功能，如图 8－29所示。

步骤 4：委托下单、查询、撤单、交割中学生应做的工作。

（1）点击进入委托下单界面：输入股票代码，如“600111”；选择买，股票数量为 1 500 股，根据该股的最新价以及卖①的价格，输入 68.75 元。

（2）至此，模拟交易过程全部结束。

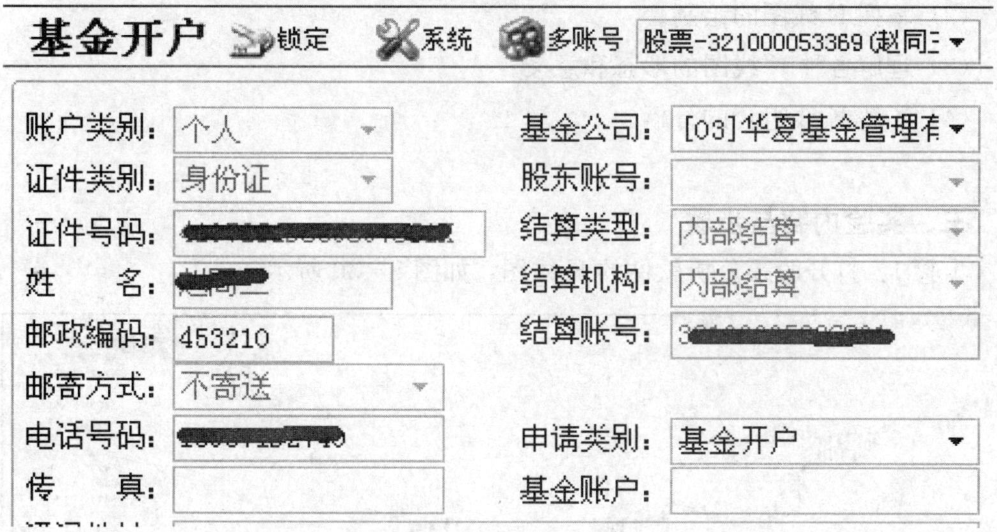

图 8 - 29　基金开户界面

四、实验报告

学生须根据实验内容填写实验报告。

报告内容：

（1）谈谈对证券交易的认识。

（2）举例说明证券交易的主要步骤。

（3）进行模拟交易。

第三节　K 线和形态分析

一、实验目的

K 线分析是证券分析中的重要一环。从 K 线图中，投资者可以捕捉到买、卖双方力量对比的变化。根据 K 线图，投资者可以分析预测股价的未来走势。K 线形态分析是最基本的分析工具之一。通过学习，学生们要理解 K 线分析的意义。

二、实验要求

（1）理解K线图的定义。

（2）掌握K线图的绘制。

（3）理解各种K线图的形态和意义。

（4）了解K线组合的分析。

三、实验内容与步骤

步骤1：打开股票分析软件的K线图，如图8-30所示。

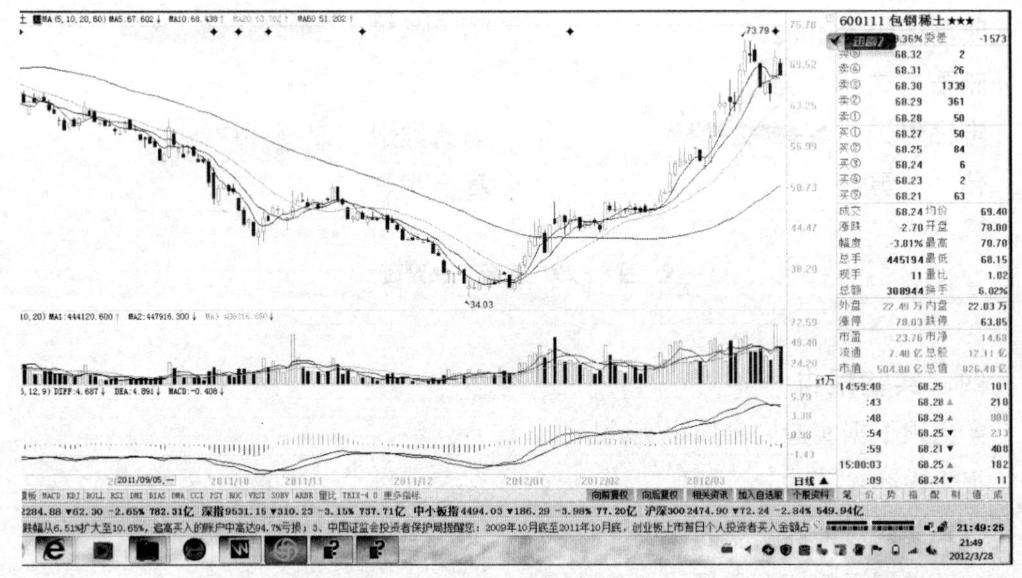

图8-30　日K线图

步骤2：识别阴阳线和上下影线。

K线理论发源于日本，是最古老的技术分析方法。1750年，日本人就开始利用K线图来分析大米期货，后因其细腻独到的标画方式而被引入股市及期货市场。由于用这种方法绘制出来的图形颇似一根根蜡烛，加上这些蜡烛有黑白之分，因而又称阴阳烛。通过K线图，我们能够把每日或某一周期的市况表现完全记录下来。

1. 绘制方法

首先，我们找出当日或某一周期的开盘价和收盘价，把这两个价位连接成一条狭长的长方柱体；然后，再找到该日或某一周期的最高价和最低价，垂直地与长方柱体连成一条直线。假如当日或某一周期的收盘价较开盘价高（即低开高收），我

们便以红色来表示，或是在柱体上留白，这种柱体就称为“阳线”。如果当日或某一周期的收盘价较开盘价低（即高开低收），我们则以蓝色表示，或是在柱体上涂黑色，这种柱体就是“阴线”，如图8-31所示。

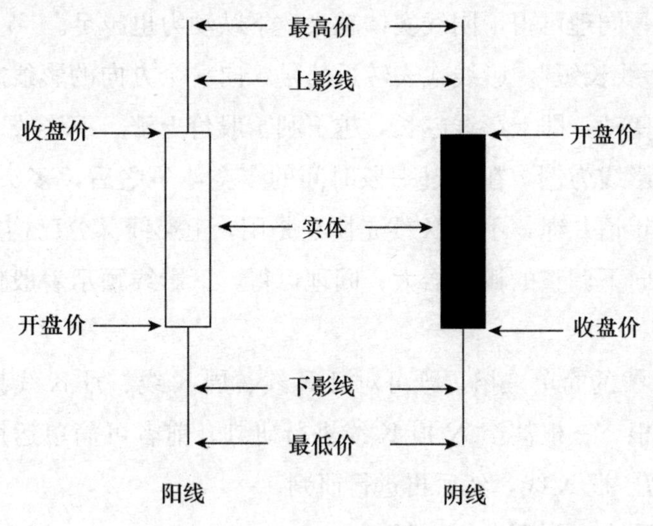

图8-31 阴阳线

2. 优点

通过K线图能够全面透彻地观察到市场的真正变化。从K线图中，我们既可以看到股价（或大市）的趋势，也可以了解到每日市况的波动情形。

步骤3：进行K线图分析。

“阴阳线”变化繁多，“阴线”与“阳线”里包含着许多大小不同的变化。

我们以阳线为例，最高价与收盘价之间的部分称为“上影线”，开盘价与收盘价之间的部分称为“实体”，开盘价与最低价之间的部分称为“下影线”。

面对形形色色的K线组合，初学者不禁有些为难，我们把浩瀚的K线法归纳为简单的三招：一看阴阳；二看实体大小；三看影线长短。

（1）“一看阴阳”。阴阳代表趋势方向，阳线表示继续上涨的动力强，阴线表示继续下跌的动力强。以阳线为例，在经过一段时间的多空交战后，收盘价高于开盘价表明多头占据上风，而阳线预示下一阶段继续上涨的动力强，最起码能保证下一阶段的初期能惯性上冲。因此，阳线往往预示着继续上涨的动力强，这一点也极为符合技术分析中三大假设之一的股价沿趋势波动，而这种顺势而为也是技术分析最核心的思想；同理可得，阴线继续下跌。

（2）“二看实体大小”。实体大小代表内在动力，实体越大，上涨或下跌的趋势越明显；反之，趋势不明显。以阳线为例，其实体就是收盘价高于开盘价的部分，阳线实体越大说明上涨的动力越足，如同质量越大、速度越快的物体，其惯性冲力也越大的物理学原理。阳线实体越大，代表内在上涨动力越大，其上涨的动力将大于实体小的阳线；同理可得，阴线实体越大，下跌动力也越足。

（3）“三看影线长短”。影线代表转折信号，向一个方向的影线越长，越不利于股价向这个方向变动，即上影线越长，越不利于股价上涨，下影线越长，越不利于股价下跌。以上影线为例，在经过一段时间的多空斗争之后，多头终于败下阵来，一朝被蛇咬，十年怕井绳，不论K线是阴还是阳，上影线部分已构成了下一阶段的上档阻力，股价向下调整的概率居大；同理可得，下影线预示着股价向上攻击的概率居大。

利用关于K线的简单三招，既可对日K线、周K线、月K线甚至年K线进行分析，也可对两根、三根甚至N根K线进行研判。前者可简单运用，而后者是将N根K线叠加为一根K线，然后再进行研判。

K线的基本形态，如图8－32所示。

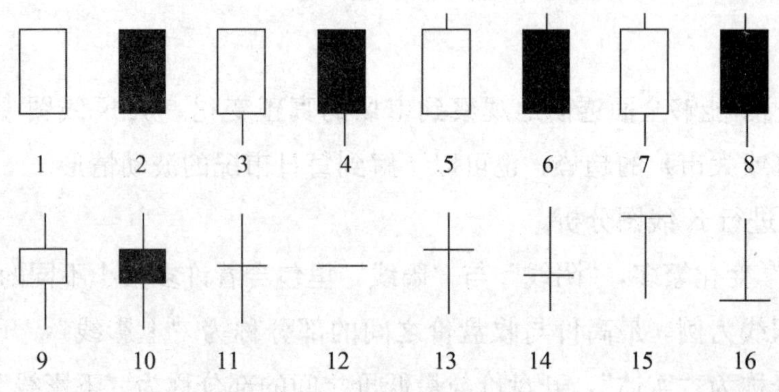

图8－32　K线的基本形态

K线组合形态分为反转和持续两大类，下面只列举9种反转组合形态。

（1）锤形线和上吊线如图8－33所示。锤形线处在下降趋势中，具有牛市的含义。上吊线处在上升趋势中。当天的价格波动一定在低于开盘价的位置，之后的反弹使收盘价几乎接近最高价的位置。上吊线中产生出来的长下影线显示了一个疯狂的卖出是怎样开始的。上吊线具有熊市的含义。

（2）鲸吞型的基本形状如图8－34所示。熊市鲸吞型处在上升趋势中，其收盘价比前一天的开盘价低，上升的趋势已经被破坏，上升趋势将要反转。牛市鲸吞型的情况与熊市鲸吞型的情况正好相反，是看涨的组合形态。

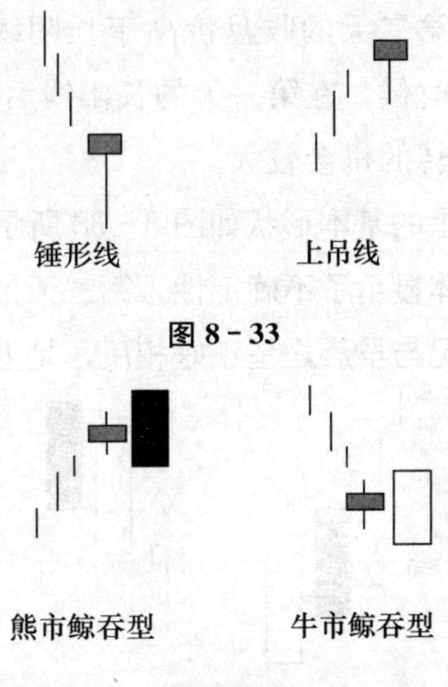

图 8－33

图 8－34

（3）孕育型的基本形状如图 8－35 所示。牛市孕育型处在下降趋势进行了一段时间之后，第二天价格上升，建议买进。熊市孕育型处在上升趋势进行了一段时间之后，第二天价格低开，动摇了多头，引起价格的下降，建议卖出。

（4）倒锤线和射击之星的基本形状如图 8－36 所示。倒锤线之前已经是下降趋势。潜在的趋势反转将支持上升。射击之星处在上升趋势中，市场跳空向上开盘，出现新高，最后收盘在当天的较低位置，该跳空行为只能当成看跌的熊市信号。

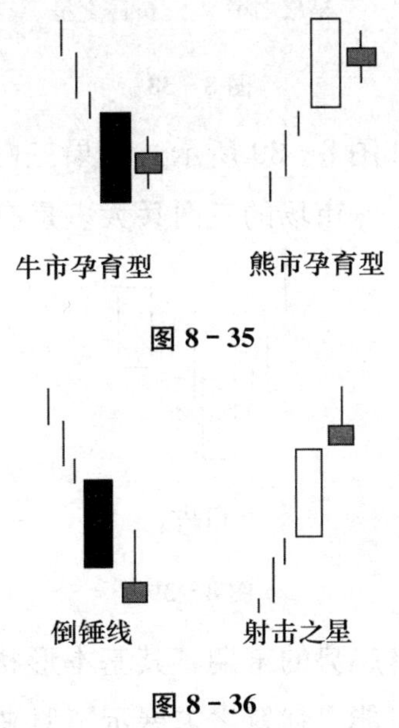

图 8－35

图 8－36

（5）刺穿线与乌云盖顶的基本形状如图 8－37 所示。刺穿线形成于下降趋势中，在第一天的长阴线后，第二天的收盘价高于长阴线实体的中点，是反转形态。当乌云盖顶处于上升趋势的时候，在第一天的长阳线后，第二天的收盘价降到长阳线实体的中间之下，顶部反转的机会较大。

（6）早晨之星和黄昏之星的基本形状如图 8－38 所示。早晨之星的第一根 K 线是一根长阴线，第二天的小实体显示了不确定性，第三天价格跳空高开，显著的趋势反转已经发生。黄昏之星的情况与早晨之星正好相反，是上升趋势中的反转组合形态。

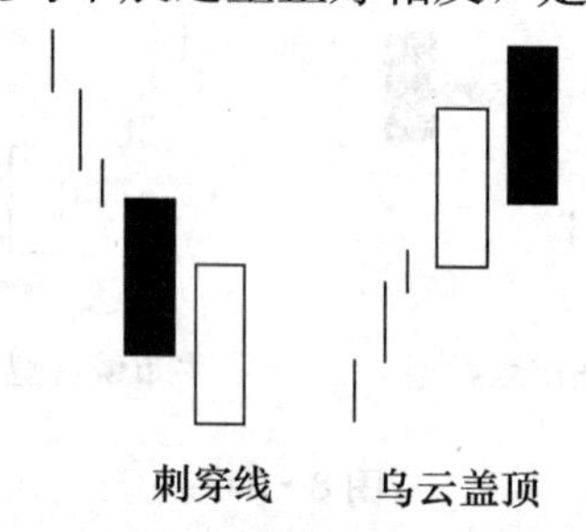

图 8－37

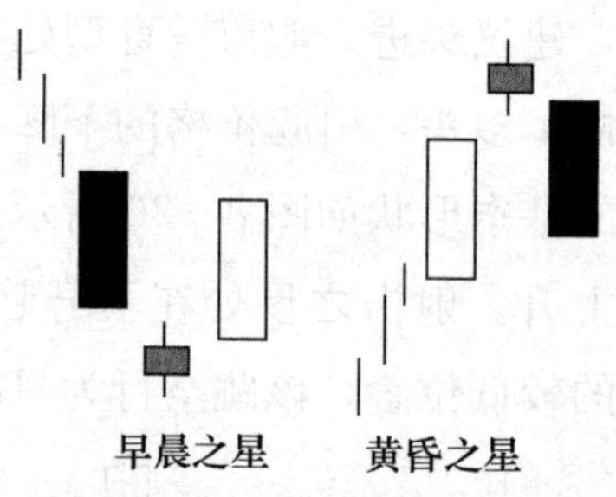

图 8－38

（7）三白兵的基本形状如图 8－39 所示。如果三白兵在下降（上升）很长时间后出现，是反转的信号。沪、深市场的三白兵大多是有缺口的。

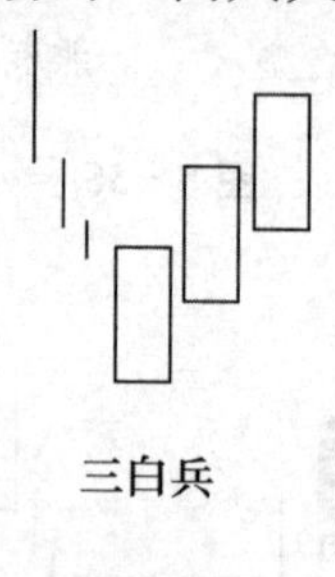

图 8－39

（8）强弩之末发生在上升趋势的末期，其基本形状如图 8－40 所示。小实体和缺口说明有阻止向上移动的可能。强弩之末展示了原来上升趋势的弱化，从图形上看，强弩之末是黄昏之星的“前奏曲”。在上升的过程中，强弩之末的形态出现得

越晚，不能继续上升的含义越强。

图 8-40

(9) 三乌鸦发生在上升趋势的末期，其基本形状如图 8-41 所示。三乌鸦呈阶梯形逐步下降，由于出现了三根长阴线，因而趋势偏向下降。

图 8-41

步骤 4：K 线图分析小结。

无论是一根 K 线，还是两根 K 线、三根 K 线以至多根 K 线，都是对多、空双方争斗做出的一个描述，由它们的组合得到的结论都是相对的，不是绝对的。对具体进行股票买卖的投资者而言，结论只是起一种建议作用，并不是命令，也不是说今后要涨就一定涨，而是指今后要涨的概率比较大。

在应用时，我们有时会发现运用不同种类的 K 线组合得到了不同的结论。有时，应用一种 K 线组合得到明天会下跌的结论，但实际没有下跌，而是出现与其相反的结果。此时，一个重要原则是尽量使用根数多的 K 线组合的结论，将新的 K 线加进来重新进行分析判断。一般来说，用根数多的 K 线组合得到的结论不大容易与事实相反。

四、实验报告

学生须根据实验内容填写实验报告。

报告内容：

(1) K 线的分析理论。

(2) 运用K线理论制定投资策略，要求对股票价格指数和不少于6只个股进行分析。

第四节 行情分析基础

一、实验目的

通过学习，学生应了解行情分析的基本方法和应用。

二、实验要求

(1) 理解行情分析的作用。

(2) 掌握行情分析的方法。

(3) 应用行情分析的方法进行股票的分析。

三、实验内容与步骤

步骤1：即时分析。

图8-42展示了包钢稀土的分时走势图。

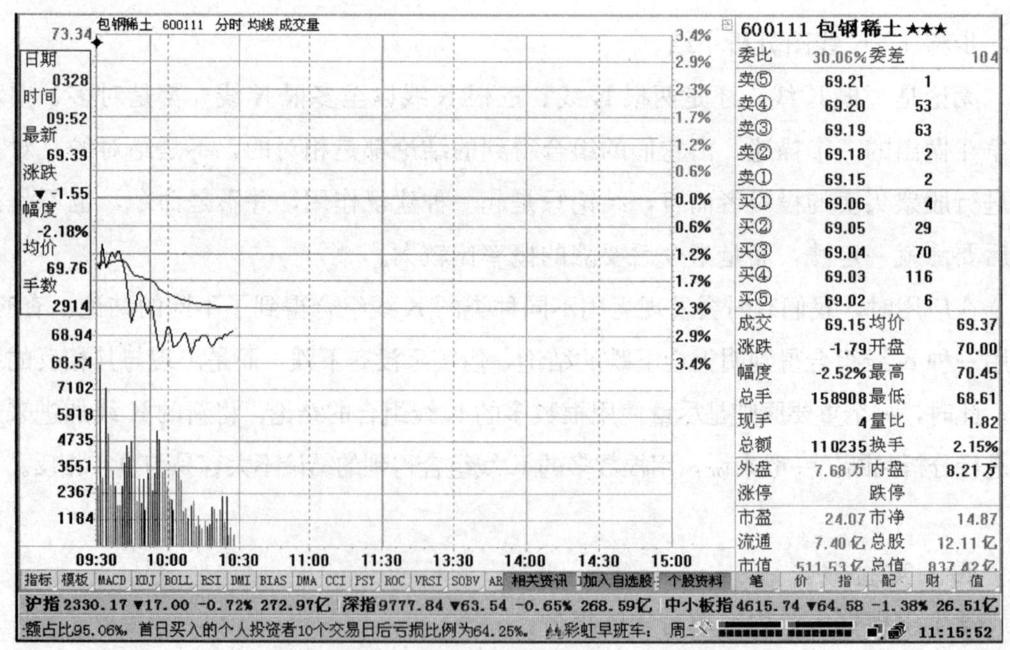

图8-42 个股分时走势图

通过以下几种方式，均可查看个股在每个时间段内的价格和成交量变化。

选择主菜单【即时】→【分时走势】：

（1）在报价分析中双击选定股票。

（2）通过键盘精灵输入股票代码、股票名称的拼音简称或股票名称的中文汉字，然后按回车键。

（3）分时走势图由两大走势图组成：上方为该股票的分时走势图，下方为动态指标图。

①分时走势图：分时走势图中有两条线，白线为分时走势曲线，虚线为均价线。

②分时走势曲线：每分钟内最后一笔成交的价格构成的曲线。

③均价线：均价构成的曲线。

$$均价=\frac{截至当前该股票的当日累计成交金额}{截至当前该股票的当日累计成交量}$$

④动态指标图：动态指标图可以通过实时菜单里选择“大盘”或者“/”键切换：大盘有 ADL 指标、多空指标和买卖力道。个股有量比指标和买卖力道。

⑤信息地雷：如果当日收到相关的公告信息或资讯信息，会在分时走势图中相应时间点以醒目的方式表示出来，当学生把鼠标指向它时，将会有资讯信息提示。双击该信息雷达图标，可查看具体内容。

步骤 2：大盘分析。

图 8－43 为上证指数的大盘分析界面。

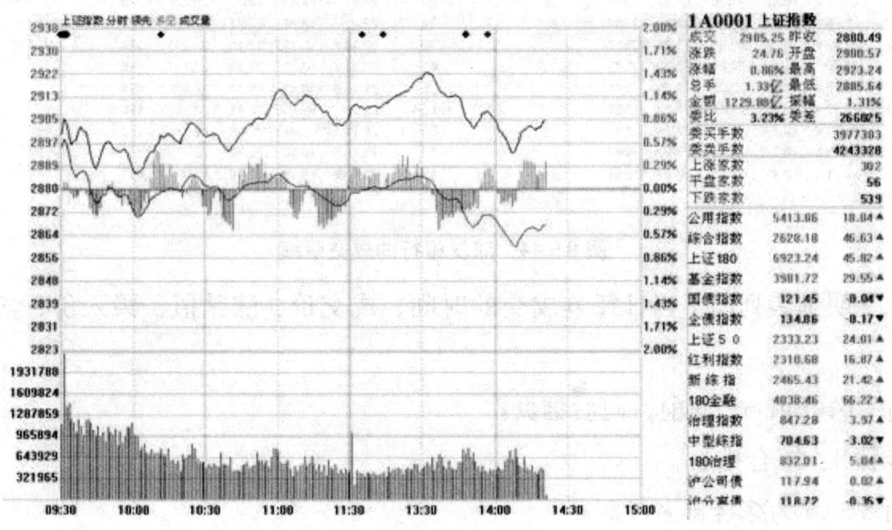

图 8－43　上证指数

指数是反映股市价格变动和走势的指标。指数包括反映整个市场走势的综合性指数和反映某一行业或某一类股票价格走势的分类指数。例如，深圳综合指数是反映深交所全部股票的价格走势，而深证房地产指数、公用事业指数等则属于分类指数。

目前，大盘分析支持沪、深股市与港股的所有大盘信息。沪、深股市主要有上证领先、深证领先、上证 180 指数、上证走势、上证 A 股走势、上证 B 股走势、上证 ADL 指标、上证多空指标、上证买卖力道、上证分类指数走势、深证综指走势、深证成指走势、深证 A 股走势、深证 B 股走势、深证 ADL 指标、深证多空指标、深证买卖力道、深证分类指数走势、深证走势。

PgUp/ PgDn：切至大盘分析中的上一项/下一项。

步骤 3：成交明细。

图 8－44 为浦发银行的成交明细。

浦发银行[600000]-成交明细

时间	成交价	涨跌值	买入价	卖出价	现手	时间	成交价	涨跌值	买入价	卖出价	现手
09:25	22.16▲	+0.36	22.16	22.17	3109	18	22.22▲	+0.42	22.21	22.22	1634
09:30	22.20▲	+0.40	22.20	22.22	1615	27	22.19▼	+0.39	22.18	22.19	199
22	22.22▲	+0.42	22.20	22.23	1271	30	22.20▲	+0.40	22.18	22.19	817
25	22.22	+0.42	22.20	22.25	2086	37	22.20	+0.40	22.17	22.19	2396
27	22.20▼	+0.40	22.20	22.25	114	45	22.20	+0.40	22.20	22.21	657
37	22.22▲	+0.42	22.22	22.25	182	46	22.20	+0.40	22.20	22.21	152
40	22.25▲	+0.45	22.23	22.25	155	50	22.20	+0.40	22.20	22.21	846
43	22.25	+0.45	22.25	22.26	370	53	22.20	+0.40	22.20	22.21	252
53	22.28▲	+0.48	22.25	22.27	1162	59	22.20	+0.40	22.20	22.21	800
09:31	22.25▼	+0.45	22.25	22.26	150	09:33	22.20	+0.40	22.20	22.21	424
07	22.27▲	+0.47	22.27	22.28	288	11	22.20	+0.40	22.19	22.20	797
10	22.26▼	+0.46	22.25	22.27	547	15	22.18▼	+0.38	22.19	22.20	647
16	22.23▼	+0.43	22.22	22.23	987	23	22.21▲	+0.41	22.21	22.22	1892
24	22.23	+0.43	22.22	22.25	1577	26	22.21	+0.41	22.21	22.22	285
30	22.27▲	+0.47	22.25	22.27	898	32	22.21	+0.41	22.21	22.22	1770
33	22.25▼	+0.45	22.25	22.26	1384	34	22.21	+0.41	22.21	22.22	767
39	22.22▼	+0.42	22.25	22.26	1527	39	22.19▼	+0.39	22.19	22.20	326
47	22.22	+0.42	22.20	22.22	1145	45	22.21▲	+0.41	22.18	22.20	148
52	22.23▲	+0.43	22.23	22.25	274	56	22.20▼	+0.40	22.18	22.20	603
59	22.22▼	+0.42	22.20	22.22	556	09:34	22.20	+0.40	22.18	22.19	480
09:32	22.23▲	+0.43	22.23	22.25	153	05	22.21▲	+0.41	22.18	22.19	303
08	22.19▼	+0.39	22.19	22.22	644	13	22.20▼	+0.40	22.18	22.21	1247
12	22.21▲	+0.41	22.19	22.20	294	18	22.18▼	+0.38	22.18	22.20	435

图 8－44　浦发银行的成交明细

成交明细表列出了当日每笔成交的时间、成交价、涨跌值、买入价、卖出价、现手。

PgUp、PgDn：向前、向后翻页。

步骤 4：综合排名。

图 8－45 为综合排名界面。

今日涨幅排名			快速涨幅排名			今日委比前几名		
万好万家	9.20	10.05%	鲁信高新	18.09	1.57%	ST得亨	6.99	100.00%
柳钢股份	5.50	10.00%	南京中商	16.38	1.55%	ST有色	20.07	100.00%
南京银行	17.25	8.35%	中视传媒	16.31	1.55%	ST东碳	8.24	100.00%
中金黄金	55.27	8.35%	复旦复华	11.36	1.52%	*ST白猫	8.58	100.00%
中视传媒	16.31	7.86%	广电信息	5.48	1.29%	*ST潮科	10.62	100.00%
巨化股份	7.80	6.70%	大众公用	12.32	1.23%	柳钢股份	5.50	100.00%
酒钢宏兴	12.72	6.34%	钱江水利	10.15	1.20%	*ST中农	6.73	100.00%
云南城投	23.25	6.26%	宝胜股份	17.77	1.20%	万好万家	9.20	100.00%
今日跌幅排名			**快速跌幅排名**			**今日委比后几名**		
天目药业	9.66	7.99%	S*ST天海	9.88	1.09%	ST梅雁	3.67	100.00%
交大昂立	9.99	7.92%	*ST天龙	5.60	0.87%	ST潜药	14.31	100.00%
上海梅林	8.34	6.39%	方大炭素	18.79	0.57%	ST中源	7.41	100.00%
联环药业	10.92	6.01%	S前锋	22.66	0.56%	中国软件	27.29	92.19%
ST中源	7.41	4.99%	广电电子	5.25	0.56%	小商品城	37.50	88.36%
ST潜药	14.31	4.97%	汉商集团	5.91	0.49%	中信证券	29.38	85.52%
ST梅雁	3.67	4.91%	皖维高新	9.97	0.49%	ST国中	7.29	84.84%
太龙药业	7.85	4.84%	恒生电子	12.30	0.48%	中兵光电	19.59	82.11%
今日振幅排名			**今日量比排名**			**今日总金额排名**		
罗顿发展	6.20	11.86%	ST马龙	9.60	4.39	中信证券	29.38	274157.62
广州药业	7.95	10.82%	安琪酵母	17.87	3.18	中金黄金	55.27	240208.10
上海梅林	8.34	10.21%	交大博通	13.06	2.73	中国联通	6.77	227578.39
天坛生物	24.90	10.15%	广州药业	7.95	2.59	海通证券	16.94	225274.11
柳钢股份	5.50	10.00%	中茵股份	9.02	2.57	中国南车	5.40	201235.85
巨化股份	7.00	9.99%	南通科技	8.03	2.40	中国平安	46.81	199090.14
大元股份	10.59	9.91%	龙元建设	8.91	2.43	招商银行	22.30	175206.45
酒钢宏兴	12.72	9.84%	大唐电信	10.73	2.40	工商银行	5.34	172771.35

图 8-45　综合排名

综合排名将比较常用的各种排名的前几位或后几位一起列在同一个画面中。在综合排名中，每种排名可以显示的具体股票数目与计算机的分辨率有关——分辨率越大，则显示的数目越多。

直接查看个股走势：双击某个股，即可进入它的分时走势界面。

步骤 5：技术分析。

图 8-46 是民生银行的技术分析界面。

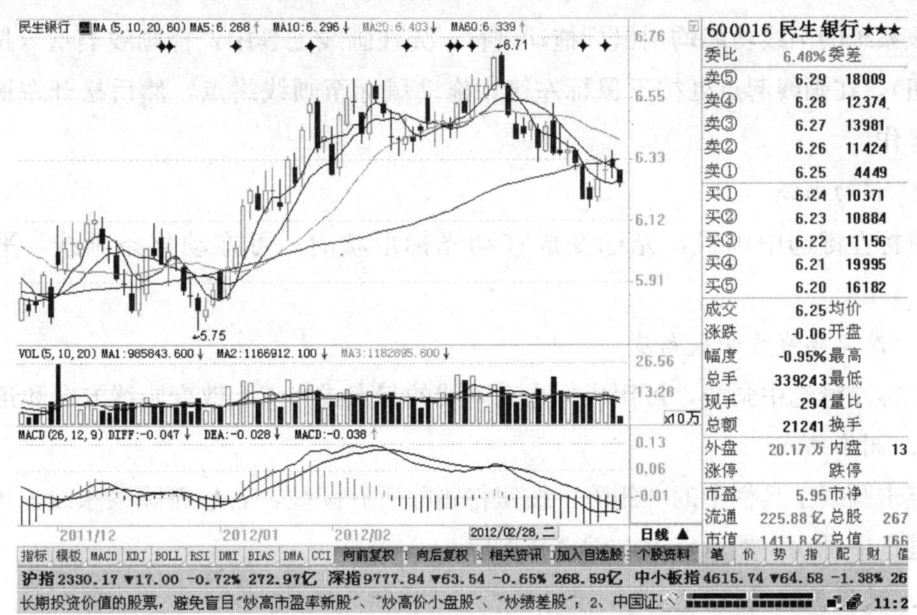

图 8-46　民生银行的技术分析界面

切换至当前股票的K线分析界面：

切换K线的分析周期，以便查看不同周期的K线形状，包括日线、周线、月线、1分钟线、5分钟线、15分钟线、30分钟线、60分钟线以及自定义周期。

该系统提供向前复权、向后复权和高级复权，系统默认是向前复权。此外，全面支持月线、周线、日线复权，支持向前和向后复权、不同时段分段复权等功能。在个股K线图中，系统可以根据该股除权日的送股、配股及红利情况圆滑地画出相应的曲线。

（1）向前复权：保持现有的价位不变，将以后的价格逐级缩减，用以去掉由于除权带来的缺口影响，以保持总体图形的连续性。

（2）向后复权：保持先前的价格不变，而将以后的价格逐级增加，用以去掉由于除权带来的缺口影响，以保持总体图形的连续性。

（3）高级复权：可以只对一段时间的K线进行复权。

画线工具提供多种画线功能，不仅能在K线图或技术指标图上根据需要绘制线、图、文字，还能将已画出的图线进行平移、旋转、压缩、拉伸和删除。

将鼠标停留在画线工具图标上，有提示框提示该线型的名称。利用画线工具可画出十九种线型：阴速线、上下甘线、线段、直线、平行线、黄金分割线、波段线、百分比线、线性回归、线性回归带、线性回归通道、周期线、斐波那契线、文字工具、矩形、圆弧、半圆弧、上箭头、下箭头。

该系统的画线功能均用鼠标拖动进行，先在画线工具中选择画线类型（按下线型按钮），在画线起点处按下鼠标左键，拖动鼠标至画线终点，然后松开左键完成画线操作。

1. 移动画线

鼠标左键选中画线，光标变成移动光标形状时，可拖动整条画线，平行移动它。

2. 改变画线方向或角度

鼠标左键选中画线，可用鼠标拖动画线的起点或终点，改变画线方向和角度。

3. 删除画线

点击画线工具栏中的“删除”按钮将删除所有画线，若想删除某条线，可用鼠标左键选中画线，然后点击右键选择删除。

4. 设置画线属性

鼠标左键选中画线，然后点击右键选择属性，可对画线的线型、颜色和宽度进

行设置；区间分析报表支持区间涨跌幅度分析报表、区间换手率分析报表、量比幅度分析报表、区间振荡幅度分析报表以及学生自定义技术指标的区间分析报表。

5. 更改参数设置

在K线图中，通过右键菜单点击“区间统计”选项，将会弹出区间统计对话框，学生可以自己选择一个时间段进行统计。点击“阶段排名”选项，将弹出“阶段排名”对话框，可设定起止时间、排序的类型、股票的范围以及是否精确除权等参数。对于设定起止时间来说，只需用鼠标左键点击年、月、日的数值，直接输入，也可通过左键点击上下箭头来修改时间。对于排序类型更改来说，只需用鼠标左键点击类型前的单选按钮即可，而股票范围设定只需点击“选择范围”选项即可完成更改。

步骤6：预警系统。

学生可以自己定义涨跌幅度、量比、绝对价位、成交量异动、封停和打开停板等一系列的预警条件，系统将在条件满足时提醒投资者有异动的股票及其异动的特征，投资者可以在分析的同时把握住市场异常变化的瞬间，抓住每一个买卖的时机。投资者只需要设定预警条件，系统就可以为投资者做完所需的监控工作，见图8-47。

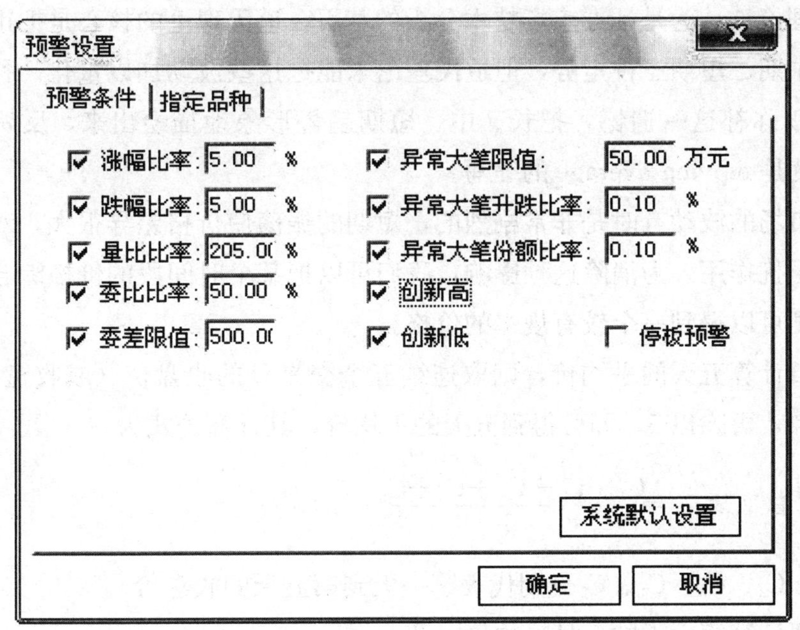

图8-47　预警系统

第五节　移动平均线的原理与分析

一、实验目的

了解移动平均线（MA）的应用法则，能通过移动平均线的原理预测股票的未来走势并判断最佳的买卖时机。

二、实验要求

(1) 了解移动平均线的原理的含义与本质。

(2) 了解移动平均线的原理的分类。

(3) 学习移动平均线的原理的使用方法。

(4) 掌握移动平均线的原理的拓展运用。

三、实验内容与步骤

步骤 1：移动平均线的原理与计算。

道氏理论被认为是证券市场技术分析的基石，道氏理论的核心是把市场趋势分为长期、中期、短期三种走势，但道氏理论未能把这些波动加以量化。移动平均线（MA）可以弥补这一遗憾，把长、中、短期趋势形象地描绘出来，反映趋势的走向。MA 就是 moving average 的缩写。

证券市场的波动有时是非常剧烈的，短期的振荡使价格差异很大，对研究趋势的走向有干扰作用。为消除这种影响，我们可以把某个时间段的价格综合起来找一个均价，则可以得到一个较有规律的价格。

如果要计算五天的平均价，则取连续五个交易日的收盘价（或收盘指数），计算它们的和，再除以 5，即可得到五天的平均价，其计算公式为：

$$5\text{日平均价}=\frac{C_1+C_2+C_3+C_4+C_5}{5}$$

式中，C_1、C_2、C_3、C_4、C_5分别代表第一天到第五天的收盘价。

如果要计算第六天的 5 日平均价，即

$$5\text{日平均价}=\frac{C_2+C_3+C_4+C_5+C_6}{5}$$

也就是把第一天的收盘价去掉，换为第六天的收盘价，其他计算方法不变。同理，计算第七天的五日平均价，则把第二天的收盘价换为第七天的收盘价即可。把计算出的平均价标在每天的股价图上再进行平滑连接，就得到 5 日移动平均线（MA5）。移动平均线一般标在以时间为横轴、以股价为纵轴的 K 线图上。

同理，10 日移动平均线（MA10）的计算公式为：

$$\mathrm{MA10}=\frac{C_1+C_2+C_3+C_4+C_5+C_6+C_7+C_8+C_9+C_{10}}{10}$$

推广到一般情况，计算 n 日移动平均线的公式是：

$$\mathrm{MA}n=\frac{C_1+C_2+C_3+\cdots+C_n}{\mathrm{n}}$$

以上是计算移动平均线最常用的基本方法，即算术移动平均线（SMA）。从计算公式可知，在 n 日移动平均线中，每天的价格对移动平均线的影响均是 n 分之一，这不太符合市场实际情况。以 30 日移动平均线来说，当日价格对未来行情的影响远比 30 天以前的价格对未来的影响重要得多。为使移动平均线能够更确切地反映未来趋势，有必要加大最近日期的价格在移动平均线中的比例，以体现其重要性，这就是加权移动平均线（WMA）。其计算公式如下：

$$\mathrm{MA}n=\frac{C_1\times1+C_2\times2+C_3\times3+\cdots+C_n\times n}{1+2+3+\cdots+n}$$

此外，还有指数平滑移动平均线（EMA），先计算出第一个移动平均线（或使用起算日的收盘价）作为基数，确定移动平均线的日数，如 5 日移动平均线，把基数乘一个系数，如对 MA5 是$\frac{4}{5}$，对 MA10 是$\frac{9}{10}$，对 MAn 是$\frac{n-1}{n}$等，再加上计算日的收盘价乘一个系数，MA5 的系数是$\frac{1}{5}$，MA10 的系数是$\frac{1}{10}$，MAn 的系数是$\frac{1}{n}$。计算从基期起第 t 天的 n 日指数平滑移动平均线的一般公式为：

$$\mathrm{EMA}_t=\frac{C_t\times1}{n}+\mathrm{EMA}_{(t-1)}\times\frac{n-1}{n}$$

这里使用了基期（即初值）的概念，而后在此基础上进行了连续计算，使计算日有 $1/n$ 的比例。这种计算在离基期较近的日期误差较大，选择不同的基期也会有不同数值，只有长期持续计算之后，不同基期的影响才会逐渐消失。

移动平均线不仅可用于日K线，也可用于周K线、月K线等。图8-48是移动平均线应用图。

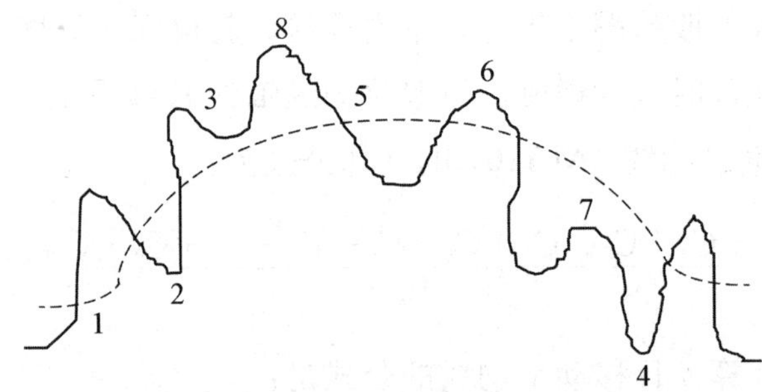

图8-48 移动平均线应用图

根据计算期的长短，移动平均线又可分为短期移动平均线、中期移动平均线和长期移动平均线。短期移动平均线代表短期趋势，中期移动平均线代表中期趋势，长期移动平均线代表长期趋势。长期移动平均线的方向向上则代表长期趋势上升，可以确定是牛市或称为多头市场；长期移动平均线的方向向下则代表长期趋势下降，可以确定是熊市或称为空头市场。

对于短期移动平均线、中期移动平均线、长期移动平均线的具体划分没有确定的说法，下面试举几种分类法：

（1）短期MA：0～10日，中期MA：11～30日，长期MA：30日以上。

（2）短期MA：0～15日，中期MA：16～60日，长期MA：60日以上。

（3）短期MA：0～25日，中期MA：26～120日，长期MA：120日以上。

经过实践验证，短期移动平均线应在15日以下，中期移动平均线在25日至60日之间，60日以上为长期移动平均线。西方投资机构非常看重200日移动平均线，并以此作为长期投资的依据：若行情价格在200日均线以下，属于空头市场；反之，属于多头市场。

根据短期线变化快、长期线变化慢的特点可以进行多方面的比较分析，在其他指标中也经常使用短期线与长期线的比较，所有的短期线都可称为快速线，所有的长期线都可称为慢速线，不局限于移动平均线。

步骤2：移动平均线的特点。

MA的基本思想是消除股价随机波动的影响，寻求股价波动的趋势。MA有以下几个特点：

（1）追踪趋势。MA能够表示股价的趋势方向，并追踪这个趋势。如果能从股价图中找出上升趋势或下降趋势，那么MA将与该趋势方向保持一致。原始数据的股价图不具备这个追踪趋势的特性。

（2）滞后性。在股价原有趋势发生反转时，由于 MA 追踪趋势的特征，使其行动往往过于迟缓，调头速度落后于大趋势。这是 MA 的一个极大的弱点。

（3）稳定性。根据移动平均线的计算方法，要想较大地改变移动平均的数值，当天的股价必须有很大的变化，因为 MA 是股价多天变动的平均值。这个特点也决定了移动平均线对股价反映的滞后性。这种稳定性既有优点也有缺点，在应用时应多加注意，掌握好分寸。

（4）助涨助跌性。当股价突破移动平均线时，无论是向上突破还是向下突破，股价都有继续向突破方向发展的愿望。

（5）支撑线和压力线的特性。由于 MA 的上述四个特性，使得它在股价走势中起支撑线和压力线的作用。MA 被突破，实际上是支撑线和压力线被突破，从这个意义上就很容易理解后面将介绍的葛氏法则。MA 的参数作用实际上就是调整 MA 上述几方面的特性。参数选择得越大，上述特性就越明显。比如突破 5 日线和突破 10 日线的助涨助跌力度完全不同，突破 10 日线比突破 5 日线的助涨助跌力度大。

步骤 3：移动平均线的应用法则。

了解了移动平均线的概念之后，如何利用这一系统进行市场操作？美国分析师葛兰碧（Granville）提出了移动平均线的八条法则：

（1）当移动平均线由下跌开始走平，将要转为上涨时，股价线从移动平均线下方向上突破移动平均线，是买入信号。

（2）股价线向下跌破移动平均线且处于移动平均线下方，而移动平均线继续上涨，是买入信号。

（3）股价线在移动平均线上方，当股价线开始下跌但并未跌破移动平均线，随后转向上涨，是买入信号。

（4）股价线在移动平均线下方并且出现暴跌，导致股价线距离移动平均线过远时，是买入信号。

（5）当移动平均线由上涨开始走平，将要转为下跌时，股价线从移动平均线上方向下跌破移动平均线，是卖出信号。

（6）股价线向上突破移动平均线且处于移动平均线上方，而移动平均线继续下跌，是卖出信号。

（7）股价线在移动平均线下方，当股价线开始上涨但并未突破移动平均线，随后转向下跌，是卖出信号。

（8）股价线在移动平均线上方并且出现暴涨，导致股价线距离移动平均线过远时，是卖出信号。

葛兰碧八法则共有四个买入信号和四个卖出信号，其中的买、卖信号基本是两两对应的，第 1 条对应第 5 条，第 2 条对应第 6 条，第 3 条对应第 7 条，第 4 条对应第 8 条。用图形表示葛兰碧八法则可以更清楚地看到这种对应关系：

对葛兰碧八法则再进行概括，则第 1 条、第 5 条是指股价和移动平均线同方向运行时则趋势确立，MA 上涨则买（第 1 条）、MA 下跌则卖（第 5 条）；当股价和移动平均线反方向运行而股价在移动平均线位置受到支撑则买（第 2 条）、受到阻力则卖（第 6 条）；当股价和移动平均线反方向运行而移动平均线不受股价影响保持原方向时，应以移动平均线的方向为依据，MA 上涨则买（第 3 条）、MA 下跌则卖（第 7 条）；当股价和移动平均线之间在短时间内出现距离过远时，股价应向移动平均线回归，靠向移动平均线，向上靠则买（第 4 条）、向下靠则卖（第 8 条）。

现在，我们把葛兰碧八法则归纳为三句话："同向顺势而为，异向均线为主，太远必回归。"

总之，葛兰碧八法则是以股价和移动平均线的位置关系来决定操作方向的，这是依据移动平均线原理进行操作的基础。

步骤 4：移动平均线的组合应用。

（1）"黄金交叉"与"死亡交叉"。一般情况下，投资者可利用短期和长期移动平均线的交叉情况来决定买进及卖出的时机。当目前价位于长期 MA 与短期 MA 之上，短期 MA 又向上突破长期 MA 时，为买进信号，此种交叉称为"黄金交叉"；反之，当目前价位于长期 MA 与短期 MA 之下，短期 MA 又向下突破长期 MA 时，则为卖出信号，此种交叉称为"死亡交叉"，如图 8-49 所示。

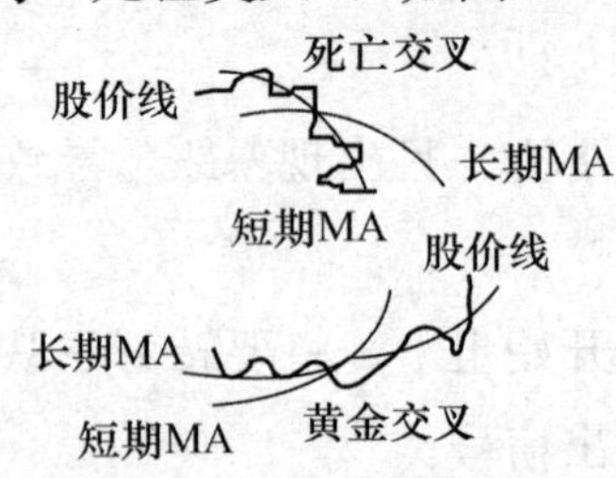

图 8-49 黄金交叉与死亡交叉

黄金交叉和死亡交叉实际上就是向上突破压力线或向下突破支撑线，所以只要掌握了支撑和压力的思想就不难理解。

（2）长、中、短期移动平均线的组合使用。在实际应用中，常将长期（MA250）移动平均线、中期（MA50）移动平均线、短期（MA10）移动平均线结合起来使用，分析它们的相互关系，判断股市趋势。三种移动平均线的移动方向有时趋于一致，有时不一致，我们可从两个方面来分析、研判：

第一，方向一致的情况。在空头市场中，经过长时间的下跌，股价与10日移动平均线、50日移动平均线、250日移动平均线的排列关系，从下到上依次为股价、10日移动平均线、50日移动平均线和250日移动平均线。若股市出现转机，股价开始回升，反应最灵敏的是10日移动平均线，最先跟着股价从下跌转为上升；随着股价继续攀升，50日移动平均线才开始转为向上方移动。至于250日移动平均线的方向改变，则意味着股市基本趋势的转变和多头市场的来临。若股市仅出现次级移动，股价上升数星期或两三个月，使得短期移动平均线和中期移动平均线向上移动；当次级移动结束后，股价再朝原始方向运动，移动平均线则从短期移动平均线、中期移动平均线依次向下移动。在多头市场中，情形恰恰相反。

第二，方向不一致的情况。当股价进入整理后，短期移动平均线、中期移动平均线很容易与股价缠绕在一起，不能正确地指明运动方向。有时，短期移动平均线在中期移动平均线之上或之下，这种情形表示整个股市缺乏弹性，静待多方或空方打破僵局，使行情再度上升或下跌。

另一种不协调的现象是中期移动平均线向上移动，股价和短期移动平均线向下移动，这表明股市的上升趋势并未改变，暂时出现回档调整现象。只有当股价和短期移动平均线相继跌破中期移动平均线，并且中期移动平均线亦有向下反转的迹象，上升趋势才改变。或是中期移动平均线仍向下移动，股价与短期移动平均线却向上移动，表明下跌趋势并未改变，中间出现一段反弹行情。只有当股价和短期移动平均线都回到中期移动平均线之上，并且中期移动平均线亦向上反转，趋势才改变。

移动平均线是实际中常用的一类技术指标，它的分析方法和思路对后面的指标有重要的影响。但是，该指标也存在一些盲点，特别是在盘整阶段或趋势形成后的中途休整阶段，以及局部反弹或回落阶段，MA极易发出错误的信号，这是使用MA时最应该注意的。另外，MA只是作为支撑线和压力线，站在某线之上，当然有利于上涨，但并不是说就一定会涨，因为支撑线也有被击穿的时候。

步骤5：移动平均线的实际运用。

运用移动平均线理论分析股票指数的走势和若干股票的价格走势。

四、实验报告

学生须根据实验内容填写实验报告。

报告内容：

（1）谈谈对移动平均线理论的认识。

（2）运用移动平均线理论制定投资策略，要求对股票价格指数和不少于5只个股进行分析，并写出有关投资策略的报告。

第六节　技术指标分析

一、实验目的

了解技术指标分析的优缺点和常用的几种技术指标（如MACD、KDJ、RSI等）的应用法则，能通过简单的技术分析预测股票的未来走势并判断最佳的买卖时机。

二、实验要求

（1）技术指标法的含义与本质。

（2）技术指标的分类。

（3）技术指标法与其他技术分析方法的关系。

（4）技术指标的使用方法。

（5）技术指标的深层理解。

三、实验内容与步骤

步骤1：股票分析软件技术指标法的简述。

技术分析的指标相当多，缺省的系统指标就有近百种，即使是专业的分析师有时也容易混淆。为了解决这种困扰，本分析系统根据指标的设计原理和应用法则，将所有指标划分为十大类型：

（1）大势指标。

（2）超买超卖指标。

（3）趋势指标。

（4）能量指标。

（5）成交量型指标。

（6）均线指标。

(7) 图表指标。

(8) 选股指标。

(9) 路径指标。

(10) 停损型指标。

学生只要知道指标是属于哪一类的，就差不多知道了该指标的应用法则；同样，学生只要明白自己的需求（例如，是判断趋势，还是要寻找超买超卖区域），就可以方便地在相应类别中找到合适的技术指标。对技术指标的这种分类，也便于学生对指标原理的学习、理解和记忆。

步骤2：股票分析软件技术指标的使用方法。

技术指标法是技术分析的重要分支，全世界各种各样的技术指标有千种以上。按照固定方法对数据进行处理，得到反映“技术指标值”的数字，将技术指标值绘制成图表，再根据图表对市场进行行情研判。

技术指标涉及数据和处理数据的方法。数据是价格和成交量，以及其他反映市场行为的因素，如期货中的 open interest。不同的数据处理方法将产生不同的技术指标，目前主要有两类方法，即数学模型法和叙述法。

背离是指技术指标的方向与价格曲线的趋势方向不一致。背离表明价格的变动没有得到指标的支持。背离有“顶背离”和“底背离”之分，前者看跌，后者看涨，见图8-50。背离是技术指标最重要的内容，在使用时要涉及很多的条件。

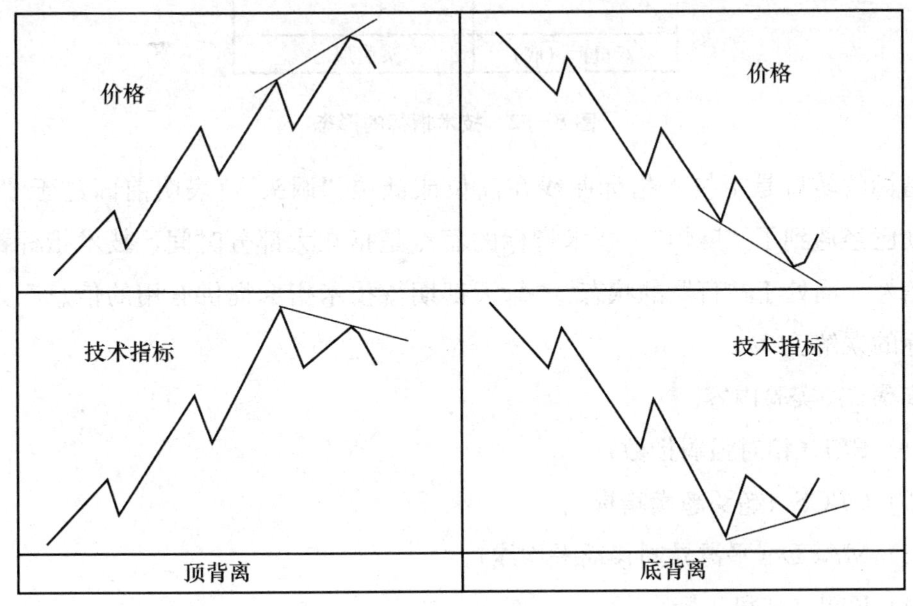

图8-50 背离

交叉是指技术指标图形中的两条线发生了相交现象。图 8－51 展现了三种交叉的情况。交叉表明原来的力量对比格局受到了“挑战”。

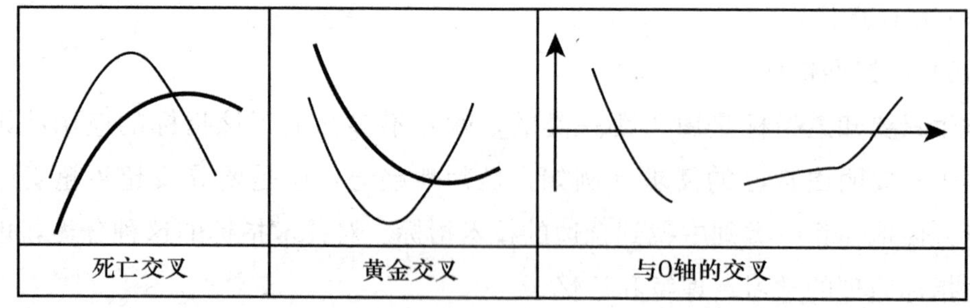

图 8－51　交叉

极端值是指技术指标的取值过分大或小，术语是“超买区和超卖区”。极端值表示市场在某个方面已经达到了过分的地步，应该引起注意。

指标形态是指技术指标曲线的波动轨迹呈现出了双重顶（底）和头肩形等反转形态，见图 8－52。

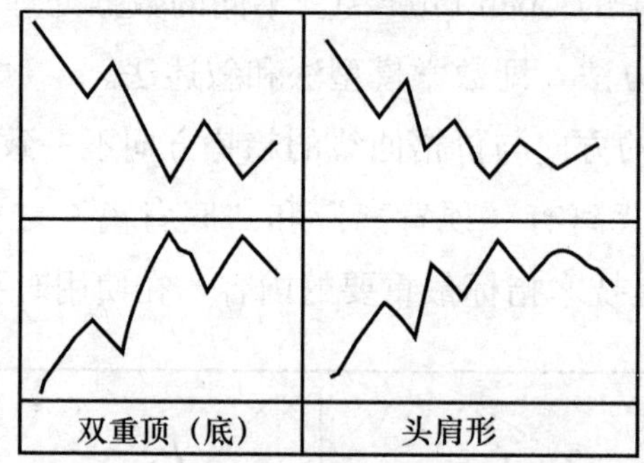

图 8－52　技术指标的形态

指标的转折是指技术指标曲线在高位或低位“调头”，表明前面过于“极端”的行动已经遇到了“麻烦”。技术指标的盲点是指在大部分时间，技术指标都不能发出信号，而处于“盲”的状态。“每天都期待技术指标提供有用的信息”是对技术指标的误解。

步骤 3：实验内容。

（1）RSI（相对强弱指数）。

（2）OBOS（超买超卖指标）。

（3）MACD（平滑异同移动平均线）。

（4）KDJ（随机指标）。

（5）WR（威廉指标）。

（6）PSY（心理线）。

（7）OBV（能量潮）。

（8）SAR（停损点）。

（9）EMV（简易波动指标）。

下面重点讨论 RSI 和 OBOS。

（一）RSI（相对强弱指数）

1. RSI 的原理与计算

RSI（relative strength index）是与 KDJ 齐名的常用技术指标。RSI 以某特定时期内股价的变动情况推测股价的未来变动方向，并根据股价涨跌幅度显示市场的强弱。RSI 是于 20 世纪 70 年代首先提出的技术分析理论，尽管其历史不长，但由于该指标客观实用的特点，目前已为广大投资者接受，成为广泛使用的普及性指标之一。

技术分析的原理之一是市场变化包含一切。RSI 正是从这一点出发，从市场价格变化观察买卖双方的力量变化，主要以价格上涨幅度代表买方力量，以价格下跌幅度代表卖方力量，以涨跌幅度的对比代表买卖双方力量的对比，通过对比预测未来股价的运行方向，这种对比的比值就是 RSI 数值。

RSI 通常采用某一时期（n 天）内收盘指数的结果作为计算对象来反映这一时期内多空力量的强弱对比。RSI 将 n 日内每日收盘价或收盘指数涨数（即当日收盘价或指数高于前日收盘价或指数）的总和作为买方总力量 A，而将 n 日内每日收盘价或收盘指数跌数（即当日收盘价或指数低于前日收盘价或指数）的总和作为卖方总力量 B。

先找出包括当日在内的连续 $n+1$ 日的收盘价，用每日的收盘价减去上一日的收盘价，可得到 n 个数字。这 n 个数字中有正有负。

$$A=n\text{ 个数字中正数之和}$$

$$B=n\text{ 个数字中负数之和}\times(-1)$$

$$\mathrm{RSI}(n)=\frac{A}{A+B}\times 100$$

式中，A 为 n 日中股价向上波动的大小；B 为 n 日中股价向下波动的大小；$A+B$ 为股价总的波动大小。

RSI 实际上是表示股价向上波动的幅度占总波动的百分比，如果比例大就是强市，否则就是弱市。

2. RSI 的周期

对于 RSI 的周期选择没有统一标准。不过，因为 RSI 是根据股价涨跌幅度计算的，如果周期过短，那么当股价变化较大时，RSI 数值也会随之剧烈振荡，因过于灵敏而失去规律性；如果周期过长，那么股价变化对 RSI 数值的影响力减弱，导致 RSI 的反应过于缓慢、信号不明显。这两种情况说明，周期过长或周期过短都不宜选为 RSI 周期。王尔德推荐使用 14 日 RSI，目前国内使用得较多的周期有 5 日、6 日、9 日、10 日、12 日、14 日、15 日、20 日、25 日等周期。

3. RSI 的数值范围和作图

RSI 的数值范围为 0～100，属于摆动指标。在不同的市场时期，RSI 的数值有不同的常态分布区。

在以时间为横轴、以 RSI 为纵轴的直角坐标中，标出每天的 RSI 数值后再连接起来就是 RSI 曲线图。

4. RSI 的应用法则

（1）根据 RSI 取值的大小判断行情。将 100 分成四个区域，根据 RSI 的取值落入的区域进行操作。划分区域的方法如表 8－1 所示：

表 8－1　　RSI 的取值区域

RSI 数值	市场特征	投资操作
81～100	极强	卖出
51～80	强	买入
21～50	弱	卖出
0～20	极弱	买入

“极强”与“强”的分界线和“极弱”与“弱”的分界线是不明确的，它们实际上是一个区域，比如也可以取 30、70 或者 15、85。应该说明的是，分界线位置的确定与 RSI 的参数和所选的股票有关。一般来说，参数越大，分界线离 50 越近；股票越活跃，RSI 所能达到的高度越高，分界线离 50 应该越远。

（2）两条或多条 RSI 曲线的联合使用。我们称参数小的 RSI 为短期 RSI，参数大的 RSI 为长期 RSI。两条或多条 RSI 曲线的联合使用法则与两条均线的使用法则相同，即：短期 RSI＞长期 RSI，应属多头市场；短期 RSI＜长期 RSI，则属空头市场。

当然，这两条只是参考，不能完全照此操作。

(3) 从RSI的曲线形状判断行情。当RSI在较高或较低的位置形成头肩形和多重顶（底）时，是采取行动的信号。这些形态一定要出现在较高位置和较低位置，离50越远，结论越可靠。

另外，也可以利用RSI上升和下降的轨迹画趋势线；此时，切线理论同样适用。

(4) 从RSI与股价的背离方面判断行情。RSI处于高位，并形成一峰比一峰低的两个峰，而此时股价却是一峰比一峰高，这叫顶背离，是比较强烈的卖出信号。与此相反的是底背离，RSI在低位形成两个底部抬高的谷底，而股价还在下降，是可以买入的信号，如图8-53所示。

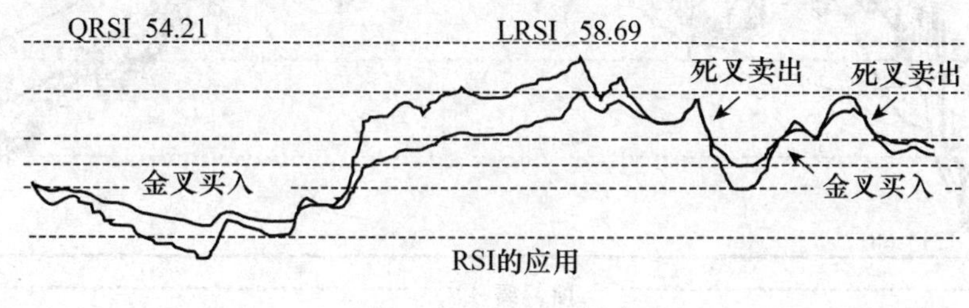

图8-53

(二) OBOS（超买超卖指标）

OBOS（over bought over sold）的中文名称是超买超卖指标，也是运用上涨和下跌股票家数的差距对大势进行分析的技术指标。与ADR相比，其含义更直观，计算更简便。

1. OBOS的计算公式

OBOS是用一段时间内上涨和下跌股票家数的差距来反映当前股市多空双方力量的对比及强弱。

OBOS的计算公式如下：

$$OBOS(N)=\sum NA-\sum ND$$

式中，$\sum NA$、$\sum ND$ 为 N 日内每日上涨股票家数的总和与每日下跌股票家数的总和；天数 N 为OBOS的参数，一般选 $N=10$。

OBOS的多空平衡位置是0，也就是 $\sum NA=\sum ND$ 的时候。当OBOS$>$0时，多方占优势；当OBOS$<$0时，空方占优势。

2. OBOS 的应用法则

（1）根据 OBOS 的数值判断行情。

当 OBOS 的取值在 0 附近变化时，市场处于盘整时期；当 OBOS 为正数时，市场处于上涨行情；当 OBOS 为负数时，市场处于下跌行情，如图 8-54 所示。

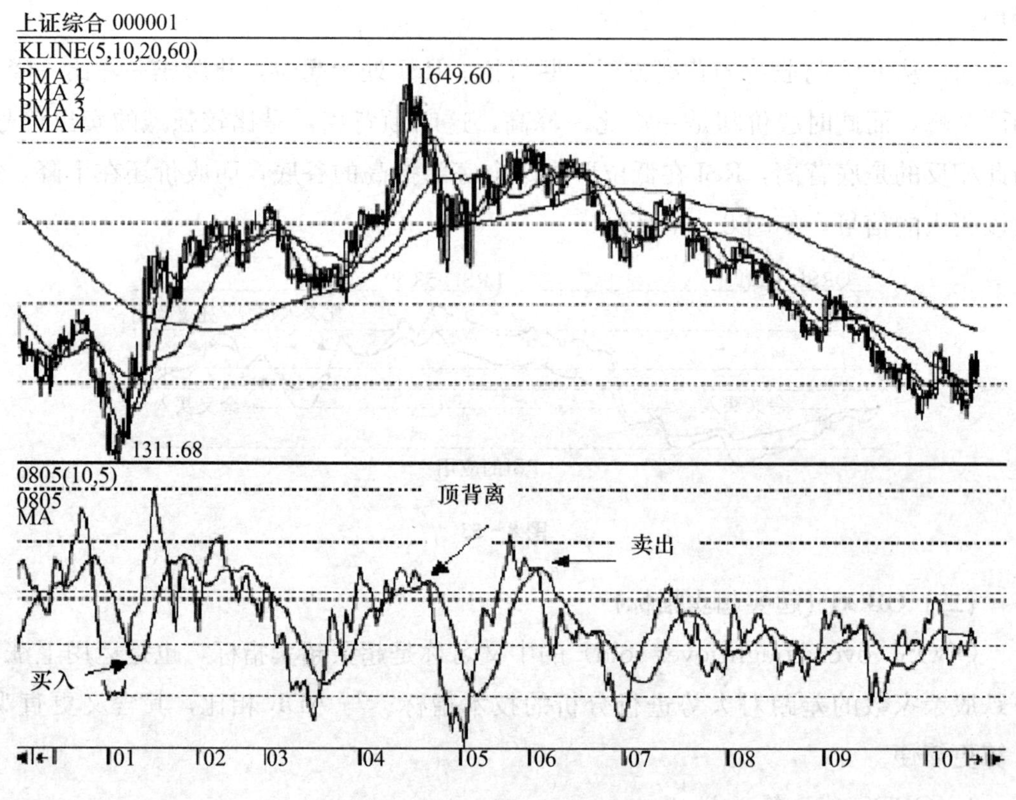

图 8-54 OBOS 的运用

当 OBOS 达到一定正数值时，大势处于超买阶段，可择机卖出；反之，当 OBOS 达到一定负数时，大势处于超卖阶段，可伺机买进。至于 OBOS 超买、超卖的区域划分，受上市股票总家数及参数选择的直接影响。其中，参数选择可以自行确定，参数选择得越大，OBOS 一般越平稳；但上市股票的总家数是不能确定的因素，这是 OBOS 的不足之处。

（2）当 OBOS 的走势与指数背离时，是采取行动的信号，大势可能反转。

（3）形态理论和切线理论中的结论也可用于 OBOS 曲线。

（4）当 OBOS 曲线第一次进入发出信号的区域时，应该特别注意是否出现错误。

(5) OBOS 比 ADR 的计算简单，意义直观易懂，所以使用 OBOS 的时候较多，使用 ADR 的时候较少，但放弃 ADR 是不对的。

若股价的图形和指标出现顶背离的情况，要卖出。

第七节 综合分析

一、实验目的

通过综合分析，让学生掌握证券投资分析的整个流程，掌握基本的选择有价证券的方法，进而提高学生对投资的判断力、对时机的把握力和对风险的承受力。这对学生将来从事各证券领域的真正交易有着重要的指导意义。

二、实验要求

(1) 掌握证券投资分析的整个流程，包括宏观市场分析、行业趋势分析、企业竞争优势分析、财务分析和技术分析。

(2) 熟练掌握对于大盘基本面和技术面的分析，进行热点剖析。

(3) 选择一个行业，对本行业中主要公司的股票进行分析，包括宏观经济对本行业的影响，本行业的市场结构，本行业内主要竞争对手的市场情况，行业内主要企业的盈利模式，各个公司在本行业中的竞争地位，各个公司的基本情况，包括总股本与流通股、每股净资产、每股收益、净资产收益率、主营业务收益和市盈率。

(4) 对本行业中自己关注的股票进行技术分析，在大盘走势的背景下分析 K 线图、移动平均线、成交量及其他相关技术指标，进一步确定买卖的时机。

三、实验内容与步骤

步骤 1：对整个分析流程的结构进行把握。

在证券市场上，获取较好回报的关键是确定适当的证券和选择较好的入场及离场时机。因此，使用正确的分析流程是非常有必要的。国际上普遍使用的是摩根士丹利（Morgan Stanley）的从上往下分析方法。该分析方法的流程如图 8－55 所示。

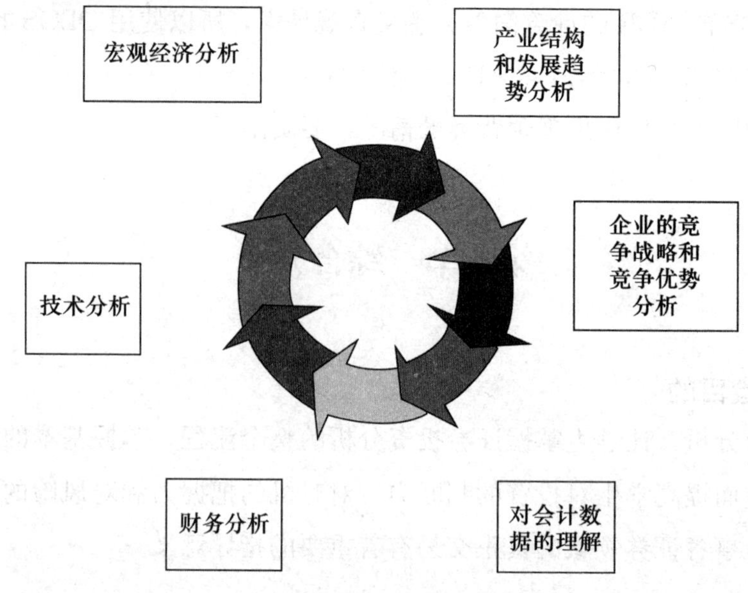

图 8-55　摩根士丹利的从上往下分析法

步骤 2：选择一个行业，对本行业中主要公司的股票进行筛选。

（1）行业分类依据中国证券监督管理委员会公布的上市公司行业分类指引结构与代码进行。

A 农、林、牧、渔业

B 采矿业

C 制造业

C0 食品、饮料

C1 纺织、服装、皮毛

C2 木材、家具

C3 造纸、印刷

C4 石油、化学、塑胶、塑料

C5 电子

C6 金属、非金属

C7 机械设备、仪表

C8 医药生物制品

C9 其他制造业

D 电力、热力、煤气及水生产和供应业

E 建筑业

F 批发和零售业

G 交通运输、仓储和邮政业

H 住宿和餐饮业

I 信息传输、软件和信息技术服务业

J 金融业

K 房地产业

L 租赁和商务服务业

M 科学研究和技术服务业

(2) 选择行业中主要的公司进行分析，考虑到行业特征与分析效率，一般选择行业内的 3～10 家公司进行分析。

步骤 3：对本行业中主要公司的股票进行分析。

本步骤中的分析包括宏观经济对本行业的影响、本行业的市场结构、本行业内主要竞争对手的市场情况、行业内主要企业的盈利模式、各个公司在本行业中的竞争地位以及各个公司的财务情况。

(1) 宏观经济变化的征兆。

1) 国内生产总值。

2) 就业。

3) 通货膨胀。

4) 利率。

5) 预算赤字。

6) 心理因素。

(2) 政府政策。

1) 财政政策。

2) 货币政策。

(3) 宏观经济的变化和政府政策对行业的影响。

(4) 本行业的市场结构。

(5) 各个公司在本行业中的竞争地位。

(6) 对各个公司的财务情况进行分析。

步骤 4：对本行业中主要公司的股票进行技术分析。

(1) 市场走势情况。市场走势情况通过各个大盘指标来反映，因为个股都会受到大盘的影响，所以在进行个股分析时必须考虑大盘的走势。

（2）对本行业中主要公司的股票进行技术分析可以从两个方面着手：一是分析K线图和股票价格走势的形态；二是进行指标分析。主要的指标包括移动平均线（MA）、平滑异同移动平均线（MACD）、动向指标（DMI）、相对强弱指数（RSI）、动量指标（MTM）、威廉指标（WR）、随机指标（KDJ）、乖离率（BIAS）、心理线（PSY）、人气意愿指标（ARBR）。

步骤 5：进行综合分析。

通过分析宏观经济对本行业的影响、本行业的市场结构对公司的影响、本行业内主要竞争对手的市场情况、行业内主要企业的盈利模式以及各个公司在本行业中的竞争地位等因素，对公司的财务情况进行量化，得出股票价值的合理区间；同时，通过对股票市场总体趋势的把握和对公司股票走势的技术分析得出一个较为合理的买卖策略。这样，选股与选时的结合，使得投资者趋于理性。

四、实验报告

学生须根据实验内容填写实验报告。

报告内容：

（1）谈谈对股票综合分析的认识。

（2）运用各种分析手段制定投资策略，写出有关投资策略的报告。

第八节　常规看盘

一、实验目的

学习报价页面的内容：

（1）报价页面主要是以表格的形式显示商品的各种信息。

（2）报价页面可以让学生对所关注股票的各种变化一目了然，可以同时显示多只股票，并对这些股票的某项数据进行排序，让学生方便、快速地捕捉到强势、异动的股票。

二、实验要求

（1）学习系统界面的内容。

（2）掌握主要菜单的使用。

（3）找到各种功能的位置。

三、实验步骤

步骤 1：“报价”菜单。

在主菜单的“报价”菜单（见图 8－56）里，学生可以调用各种报价分析的页面：在“大盘指数”里包含了各种大盘指数；在“商品顺序”里包含了依各种商品代码大小排列的表格；“涨幅排名”是各种商品的涨跌幅排名，如常用的 61 表；“综合排名”是同时包含 9 项排名的页面；“分时同列”是同时列出了多只股票分时走势的页面；“K 线同列”是同时列出了多只股票技术走势的页面；“多窗看盘”是为实时看盘特制的页面。

在此，大盘指数、商品顺序、涨幅排名、综合排名里的表格都可以通过在“键盘精灵”里输入数字来方便地调用，使用的数字键与我们以前使用钱龙证券分析软件时熟悉的快捷键一样。

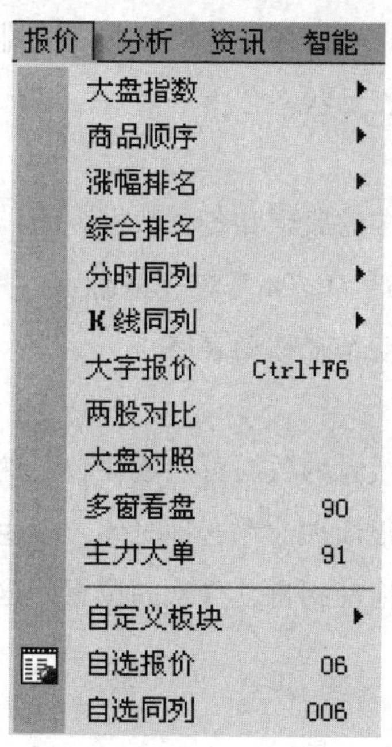

图 8－56

步骤 2：如何使用表格。

表格可以显示各种数据最基本的形式。对于某只股票来说，虽然表格不如实时走势、技术分析页面那样丰富和直观，但它可以让学生同时浏览自己所关注的多只股票。

下面以综合行情报价表为例来说明怎样使用表格，见图 8-57。

	代码	名称	涨幅%	现价↓	总手	现手	昨收
1	002024	苏宁电器	+1.48	47.90	[illegible]	[illegible]	47.20
2	600519	贵州茅台	-0.74	39.09	[illegible]	[illegible]	39.38
3	600415	小商品城	-0.04	28.35	[illegible]	[illegible]	28.36
4	000063	中兴通讯	-0.70	25.43	22981	4↑	25.61
5	600271	航[illegible]	[illegible]	[illegible]	[illegible]901	4↓	24.50
6	600594	益佰制药	[illegible]	[illegible]	2313	5↑	24.03
7	600971	恒源煤电	+0.17	24.00	4827	5↑	23.96
8	000022	深赤湾A	-1.30	23.51	10656	19↑	23.82
9	[illegible]	[illegible]	[illegible]	[illegible]41	453	[illegible]	[illegible]0
10	[illegible]	[illegible]	[illegible]	[illegible]03	33	[illegible]	[illegible]6
11	600588	用友软件	+1.17	22.48	2491	3↑	22.22

自定义 概念 行业 指标股 基金 港股

点击表头排序 再次单击倒排

双击进入这一行对应股票的分时图

移动标签选择更多的板块

通过标签选择查看的板块

移动滚动条查看更多的板块和数据

图 8-57

1. 排序

单击表格中栏目的名称，表格将按此栏目的降序排列表格，再次单击则按升序排列（在栏目名称旁有箭头表示状态）。

2. 移动表格

由于表格往往显示了较多的股票和各种数据，所以很难在一个屏幕里显示所有的内容。学生可以用“PgUp”“PgDn”对表格翻页，用光标键“←”“→”对表格左右移动，也可以用鼠标滚动条来移动表格。

3. 更换列的次序

在有些表格里，学生喜欢看的数据可能放在较后的位置，通常每次看的时候都要移动一次表格，这样显得很烦琐。在这种时候，学生可以用鼠标选中这个数据项对应的那一列的标题，将其拖动到自己喜欢的位置。这个功能还可以用来将两项数据移到一起以方便比较。

4. 加入自选股、板块股

在表格里点击右键，在弹出菜单里有加入“自选股”“板块股”两个选项，点击相应的选项可以将这一行所对应的股票加入自选股或个人选择的板块股里。

小窍门：

学生可以将不同的商品都加入自选股（如上证指数、股票、期货、外汇等），这样就可以同时查看，从而省去了切换页面的麻烦。

5. 直接查看商品走势

在表格里双击鼠标或者按“Enter”键，就可以进入这一行对应商品的分时走势页面。

6. 选择查看的板块

图8-58展示了如何查看板块。

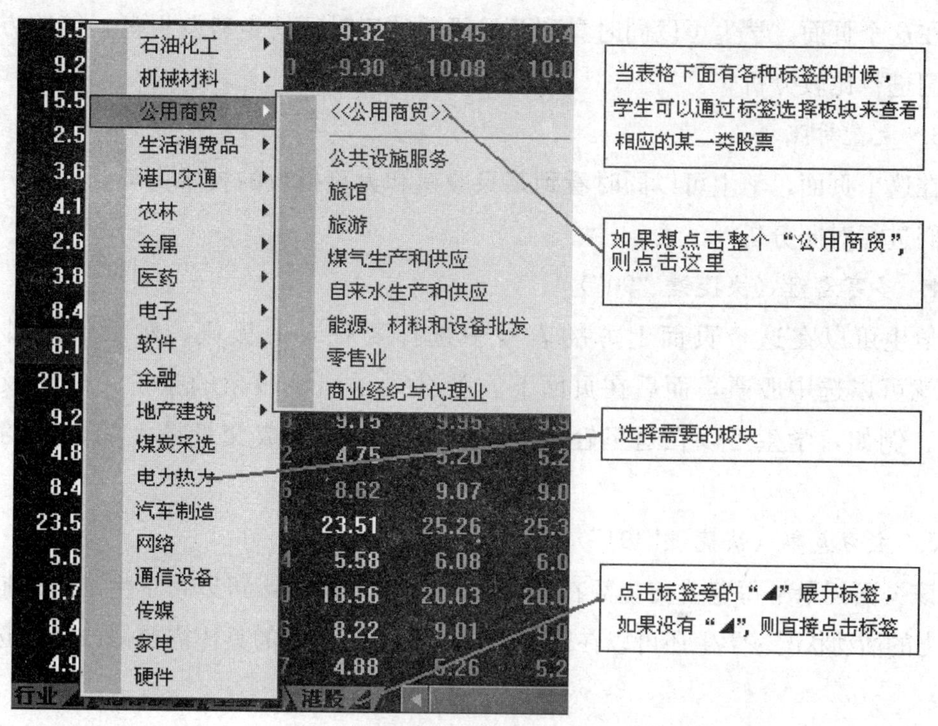

图8-58

7. 换到分时同列页面

如果学生想看多只股票的分时走势页面，可以在表格里选中某只股票，然后同时按“Ctrl”键和“4”键，就会切换到四股同列页面。该页面里会显示选中的股票和按表格里的次序排在后面的三只股票。同时按“Ctrl”键和“9”键，就会切换到九股同列页面；同时按“Ctrl”键和“6”键，就会切换到16股同列页面。

8. 换到K线同列页面

在表格里选中某只股票，然后点击“报价”菜单下的“K线同列”，可以分别显示4股K线、9股K线和16股K线。

9. 表格的右键菜单功能

关于表格的右键菜单功能，可参见“表格窗口右键菜单项”。

步骤 3：特殊报价页面。

1. 大字报价（快捷键“Ctrl＋F6”）

该页面用较大的字体显示自选股的实时报价，这样就能让学生在长时间看盘时不会感觉过于疲劳。

2. 两股对比

在这个页面，学生可以同时看到两只股票的实时行情走势及报盘，能够方便地对它们进行比较分析。

3. 大盘对照

在这个页面，学生可以同时看到某只股票和大盘指数的技术走势，能够方便地对它们进行对照分析。

4. 多窗看盘（快捷键“90”）

学生可以在这个页面上方的表格中选择要查看的板块，然后借助排名选择，就可以选中股票，而后在页面下方就会显示出该股票的报价、成交及走势情况。例如，学生可以在这里轻松查到汽车板块当天成交量最大的股票的走势情况。

5. 主力大单（快捷键“91”）

该页面记录了每笔成交金额在 100 万元以上的成交，可以帮学生准确地捕捉市场主力的活动状况。学生还可以在表格的标题里根据个人的具体需要修改大单选择的条件。

在大单表格里上下移动光标，就会在页面的右侧列出相应股票的分时走势图和 K 线图，方便学生查看。

6. 自定义板块、自选报价、自选同列

在此，学生可以查看各类自选股。

自选股的设置参见“设置自选股、板块股”。

四、实验报告

演示各种实验中学习的界面功能。

五、常见问题解答

（一）系统运行疑难解答

问题 1：系统提示“连接服务器失败”的可能原因。

解答：

a. 没有上网。

b. 主站IP地址或端口号设置有误。

问题2：系统提示“用户ID或口令无效”的可能原因。

解答：

a. 用户输入的口令或密码错误。

b. 字母大小写录入错误。

问题3：交易系统提示“账号或密码错”的可能原因。

解答：

账号或密码输入错误。

（二）常用快捷键列表

表8-2为常用的快捷键。

表8-2　　常用快捷键

热键	热键功能
Shift _ F1	上下文相关帮助
1，2，3，4，5，6	上A报价，上B报价，深A报价，深B报价，上债报价，深债报价
60，61，62，63，64，65，66，30	所有A股涨幅，上A涨幅，上B涨幅，深A涨幅，深B涨幅，上债涨幅，深债涨幅，创业板涨幅
81，82，83，84，85，86	上A综合排名，上B综合排名，深A综合排名，深B综合排名，上债综合排名，深债综合排名
F1（01）	1. 如果是从个股报价、分时切换，则为分笔数据 2. 如果是从大盘报价、分时切换，则为1分钟成交明细 3. 如果是从K线切换，则为日成交明细
F2（02）	1. 如果是个股，则为分价表 2. 如果是大盘，则为五分钟成交明细
F3（03）	上证领先
F4（04）	深证领先
F5（05）	切换到当前股票的分时界面或K线界面
F6（06）	自选股报价
F8（08）	在K线上切换周期，从分时界面也可按F8进入K线图
F10（10）	切换到当前个股的基本资料
Ctrl _ S	弹出选择股票窗口
Ctrl _ Z	弹出添加到板块窗口

续前表

热键	热键功能
Ctrl _ R	显示当前股票所属的板块窗口
Ctrl _ M	多股同列（多股票组合）
Ctrl _ F6	大字体/普通字体报价切换（在大部分表格都有效）
Ctrl _ F	公式管理
Ctrl _ F1	资讯树
Alt _ Enter	全屏显示

第9章 期货实验指导

本部分内容应用实战型期货交易系统（参考软件是博易大师闪电手）作为学生学习期货的实验软件。

第一节 期货软件介绍

一、登录行情系统

目前仅提供了一个行情服务器，用户名和密码在软件下载安装后已默认设置，点击【联机】按钮就可登录，见图 9－1。

二、登录行情系统

请确认博易大师上部工具栏中的“闪电状”按钮为按下状态，如图 9－2 所示。若未处于该状态，请将其按下。此时，用户登录界面应该出现在博易大师的底部。

连接至服务器
博易大师
TM
ISO 9001:2000
质量管理体系认证
Pobo Information
中财期货电信主站
用户名: zcqh
密 码: ****
保存用户名及密码
更新系统数据
联 机
脱机浏览
退 出
配置>>

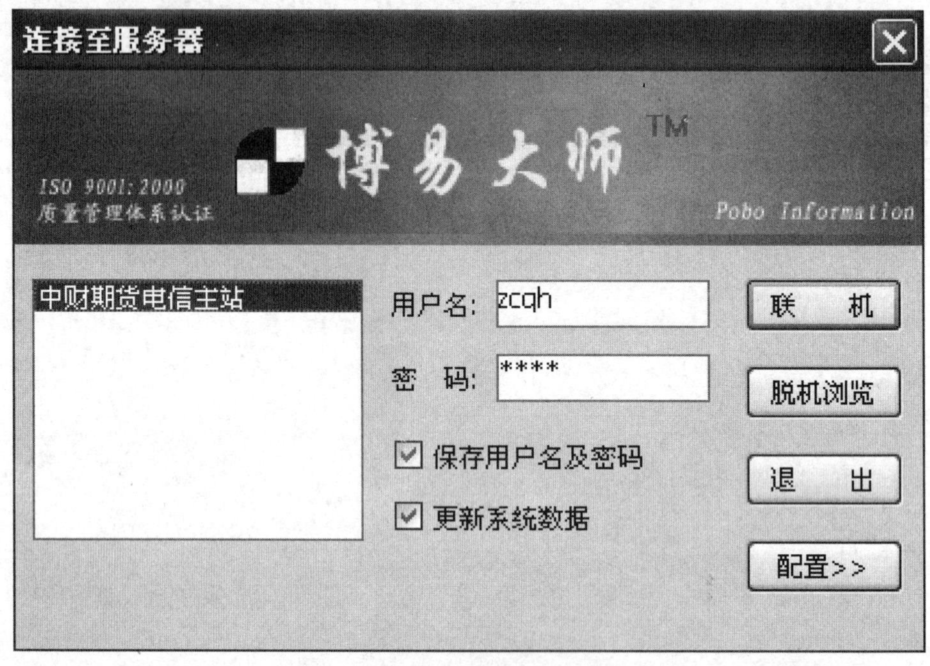

图 9-1 博易大师的行情登录界面

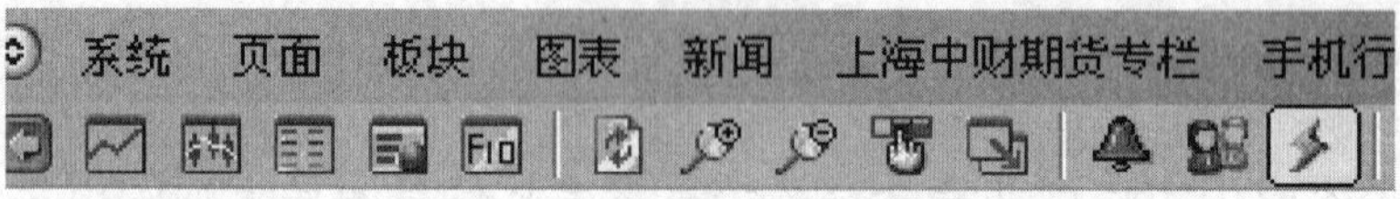

系统 页面 板块 图表 新闻 上海中财期货专栏 手机行

图 9-2 博易大师的工具栏

输入客户号及交易密码，并点击【登录】按钮，如图 9-3 所示。

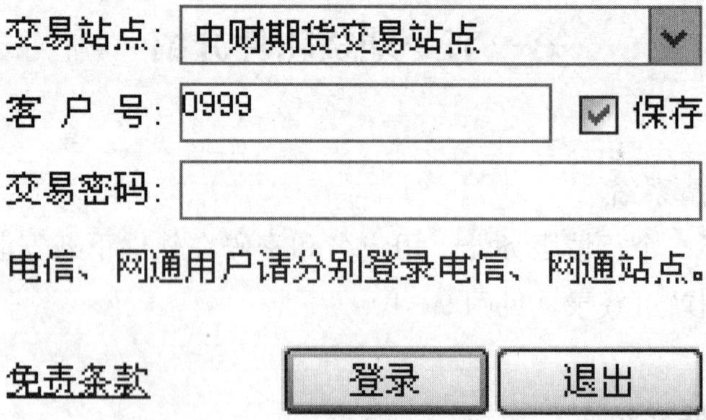

交易站点: 中财期货交易站点
客 户 号: 0999
保存
交易密码:
电信、网通用户请分别登录电信、网通站点。
免责条款
登录
退出

图 9-3 博易大师的用户登录界面

注意：

(1) 输入交易密码时，为防止恶意软件盗取密码，请使用右侧的随机数字按钮。

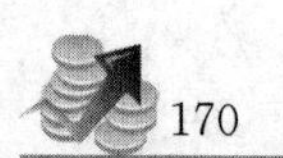

(2) 如果用户点击了【登录】按钮，表明用户已经了解并接受“免责条款”。

点击【登录】按钮后，将陆续出现“客户信息”确认、“结算单”确认等提示窗口，请一律按【确认】按钮。

三、开仓

登录成功后，将出现如图 9-4 所示的交易界面。

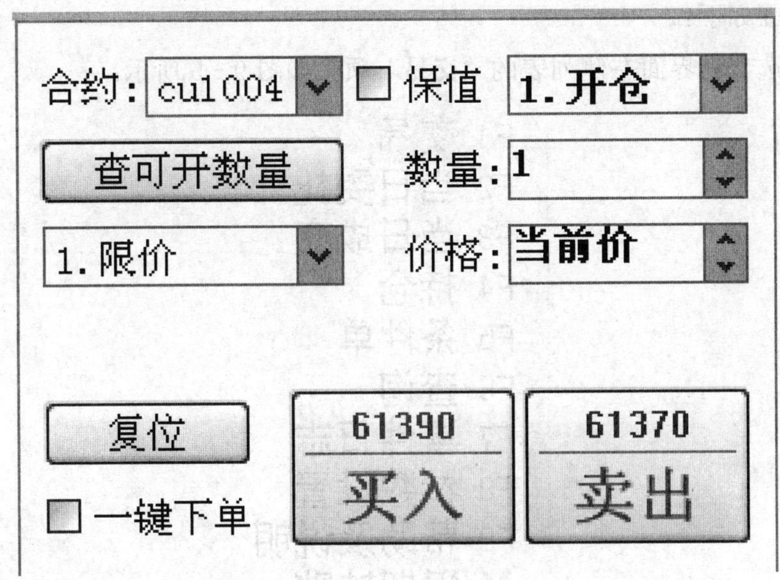

图 9-4 博易大师的交易界面

开仓步骤如下：

(1) 在博易大师的报价、走势图或技术分析图中，切换到用户所关注的品种。

(2) 交易界面的“合约”将自动变为用户当前关注的品种，【买入】和【卖出】按钮顶部将出现对应的下单价格。

(3) 如有确认下单的提示框出现，请点击【是】。

提示：

(1) 在下单前，用户可以修改“报价方式”、“价格”及“数量”，报价方式分为“限价”和“市价”。

(2)“限价”委托且价格为“当前价”时，如果买入则使用卖一价下单，如果卖出则使用买一价下单。

(3)“限价”委托时如需指定价格，请删除“当前价”字样并填入价格；如需恢复“当前价”，删除填入的价格即可。

（4）如果不希望出现确认下单的提示框，请勾选“一键下单”选项。

（5）点击【复位】按钮，交易界面将恢复为“开仓”，数量恢复为该合约的默认手数，价格恢复为“限价”“当前价”。

四、平仓

平仓步骤如下：

（1）点选交易界面左侧列表的“交易”项，如图 9-5 所示。

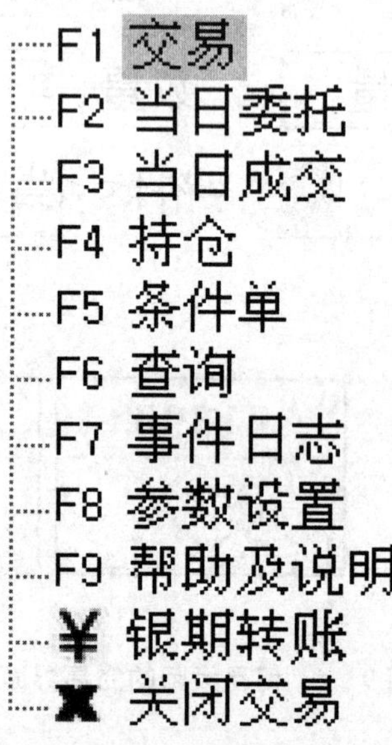

图 9-5　交易界面中的“交易”项

（2）在持仓列表中，以鼠标左键双击需要平仓的合约，如图 9-6 所示。

持仓

合约	方向	属性	持仓	可用	开仓均价	浮动盈亏	止损止盈	投保
cu1004	买	今仓	2	2	61505.00	-3050.00		投

全部　可撤

委托时间	合约	买卖	开平	委托价格	委手	成手	状态	备注	投保
13:57:52	cu1005	买	开	61000.00	1	0	已申报，未成交	已经报入	投

图 9-6　选择需要平仓的合约

（3）此时，交易界面将自动填入“合约”、“平仓”（或“平今”）以及数量，并且鼠标将自动定位至【买入】或【卖出】按钮上，如图 9-7 所示。

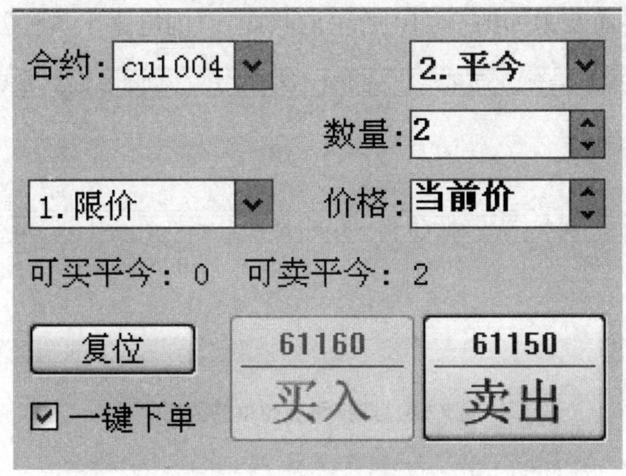

图9-7 平仓界面

(4) 鼠标自动定位至相应按钮后，直接点击该按钮就可下单。

(5) 如果有确认下单的提示框出现，请点击【是】。

提示：

(1) 通过双击持仓列表来平仓最为快速，因为用户无须手工选择“平仓”或“平今”。

(2) 在下单前，用户可以修改“报价方式”、“价格”及“数量”。

(3) 在持仓列表中，上海期货交易所的合约依“昨仓”及“今仓”分别列出。双击这些合约时，博易大师将自动选用“平仓”或“平今”，无须用户手工选择。

(4) 除上海期货交易所外，其他交易所不区分“昨仓”与“今仓”。

(5) 平仓单发出后，交易界面将自动恢复为“开仓”状态，方便用户下次的开仓动作。如果用户不希望自动恢复为“开仓”状态，可在“参数设置”中修改。

五、撤单

若委托单未成交或部分成交，需要撤单，可按如下步骤操作：

(1) 点选交易界面左侧的“交易”项，如图9-5所示。

(2) 在“可撤”列表中，以鼠标左键双击需要撤单的委托，如图9-8所示。

六、设置交易窗口为浮动模式

在初始状态下，交易界面位于主窗口的底部，但用户可根据实际需要将其调整为浮动模式，只需点击交易界面右侧的【浮动】按钮即可，如图9-9所示。

此时，交易界面变为如图 9-10 所示的状态，“闪电手工具栏”也会自动显示。

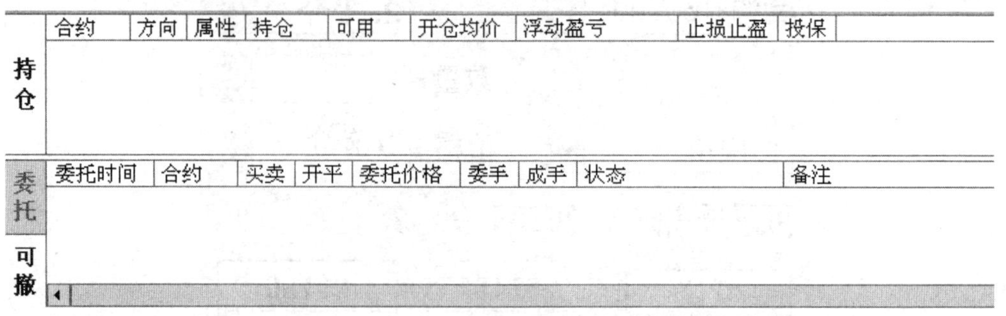

图 9-8 选择需要撤单的委托

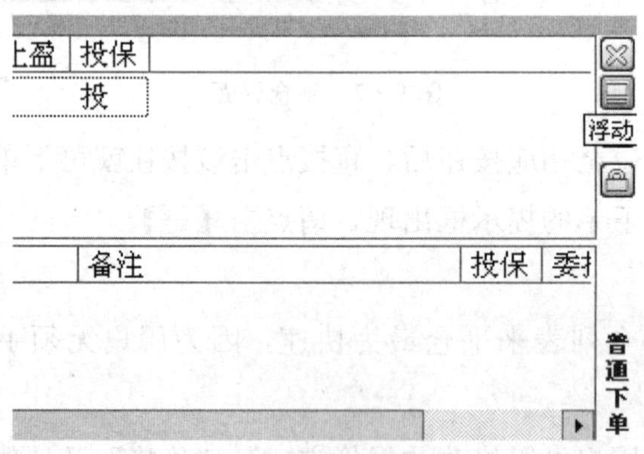

图 9-9 设置交易窗口为浮动模式

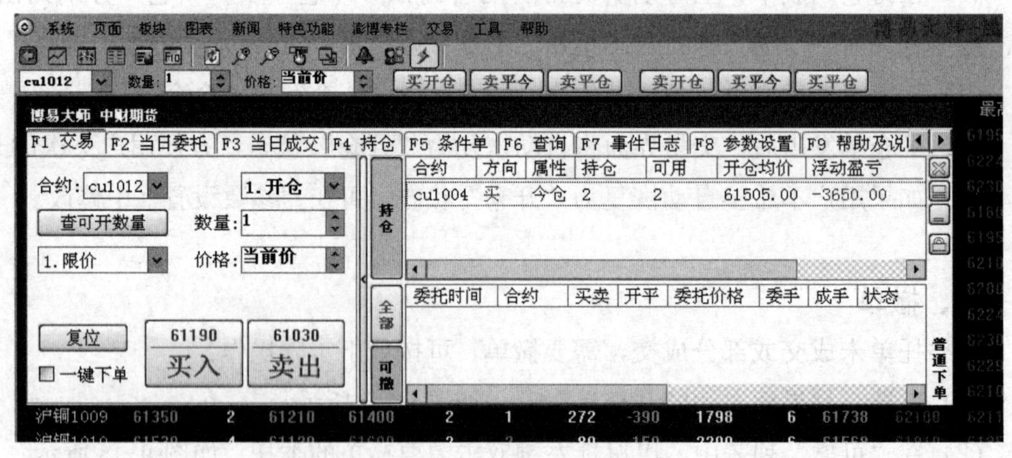

图 9-10 交易窗口的浮动模式

提示：

(1) 若用户点击行情窗口（报价、走势图、K 线图等），交易界面会自动隐藏。此时，用户可以使用“闪电手工具栏”下单，下单成功后交易界面会自动弹出；按

下工具栏中的【闪电状】按钮也可调出交易界面，如图 9—2 所示。

(2) 如果需要交易界面始终可见、不自动隐藏，可在“参数设置”中修改。

(3) 在标题栏上按下鼠标左键并移动，可拖动交易界面。在边框上按下鼠标左键并移动，可改变窗口大小。

(4) 要将交易界面恢复为在主窗口底部显示，再次点击【浮动】按钮即可。

第二节 参数设置与下单

一、必要的设置

(1) 勾选“参数设置”(见图 9－5) 中的“启用键盘下单”和“同步切换行情窗口中的合约”项，不勾选“使用简洁的下单界面”项，如图 9－11 所示。

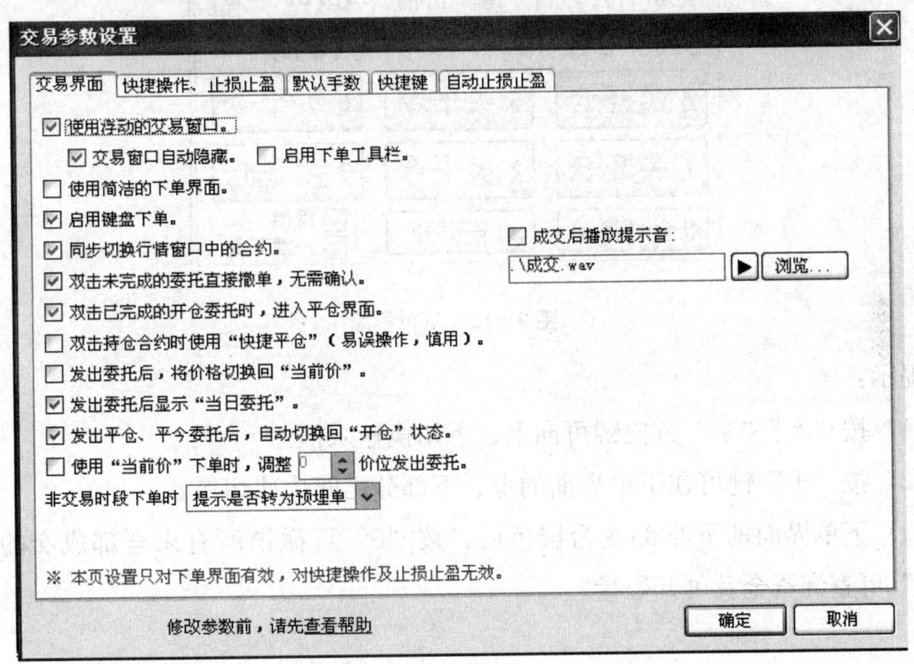

图 9－11 交易参数设置界面

(2) 在“参数设置”的“快捷键”界面中，添加合适的快捷键。

二、下单

(1) 点击合约输入框。

（2）输入合约并按回车键或“↓”方向键。

（3）输入数值或按“←”“→”方向键设置下单数量，按回车键或“↓”方向键。

（4）输入数值或按“←”“→”方向键设置下单价格，按回车键或“↓”方向键。

（5）此时，下单界面的下半部分将变为如图 9－12 所示，按“1”（买开仓）、“2”（卖平今）、“3”（卖平仓）、“4”（卖开仓）、“5”（买平今）或“6”（买平仓）即可下单。

（6）如有确认下单的提示框，请点击【是】。

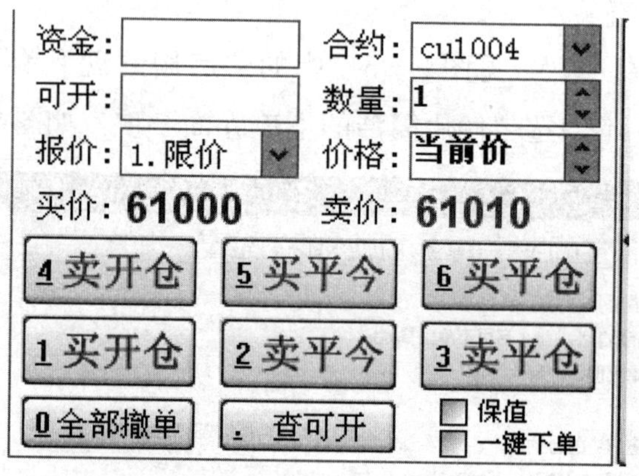

图 9－12　下单界面

提示：

（1）按“↑”“↓”方向键可向上、下切换输入框。

（2）按“＋”键可在下单界面的上、下部分之间快速切换。

（3）下单界面的下半部变为橙色后，按“0”可撤销所有未全部成交的委托，按“.”可查询资金及可开数量。

第三节　常用操作

一、交易

“持仓”与“委托”在图 9－13 中并列显示，两者的比例可拖动调整。在列表中点击右键，可调出各自的右键菜单。列表及菜单项的说明见后文中的“当日委

托”和“持仓”。

持仓

合约	方向	属性	持仓	可用	开仓均价	浮动盈亏	止损止盈	投保

委托 可撤

委托时间	合约	买卖	开平	委托价格	委手	成手	状态	备注

图 9-13　交易界面

点击“委托”和“可撤”，将分别显示全部委托及可撤委托。

二、当日委托

图 9-14 为当日委托的情况。

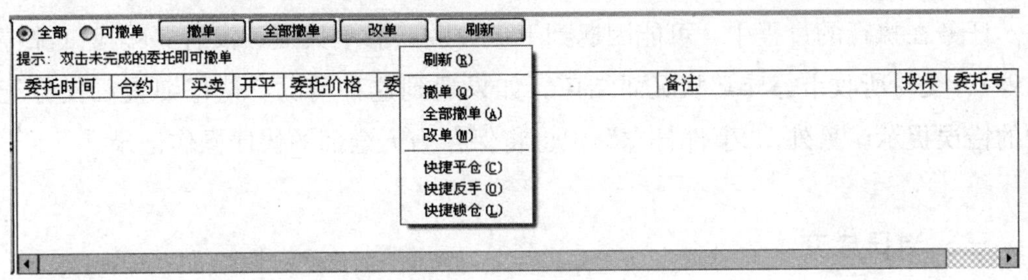

图 9-14　当日委托

1. “全部”“可撤单”选项

如果选中“可撤单”，委托列表只显示可以撤销（未全部成交）的委托；否则，显示全部委托。

2. 用鼠标左键双击列表中的某一项

如果委托可以撤销（未全部成交），则撤单。

如果委托为已成交的开仓委托，则平仓。平仓数量为开仓数量，鼠标自动定位至【平今（平仓）】按钮后，按下鼠标左键即可下单。

3. 【撤单】按钮

撤单选中未全部成交的委托。在选择委托时，按下 Ctrl 键可以进行多选。

4. 【全部撤单】按钮

全部撤单将撤销所有未成交的委托。

5.【改单】按钮

撤销列表中第一个选中的委托，用户对其进行修改后，点击【买入】或【卖出】按钮可重新下单。如果该委托已成交或已撤销，则直接进行修改。

6.【刷新】按钮

刷新当日委托列表、当日成交列表、持仓列表。

7. “快捷平仓”“快捷反手”“快捷锁仓”选项

对选中的“已成交开仓委托”进行快捷平仓、快捷反手（平仓后以相同数量反向开仓）、快捷锁仓（以相同数量反向开仓）操作，数量为开仓数量。选择委托时，按下 Ctrl 键可进行多选。

用户按下这些按钮后，程序直接使用卖一价（买入时）或买一价（卖出时）下单。如果在“限定的时间”内委托未全部成交，则自动撤单并再次下单。整个流程将持续进行，直到任务结束或者用户手动点击【中止】按钮。“限定的时间”可在“参数设置”中修改，默认为 5 秒。

任务在执行的过程中，可能因遇到下单失败、撤单失败、没有买卖盘（涨停或跌停）、交易所收市等异常状况而结束。如果遇到这种情况，请仔细查看任务记录中的错误提示。另外，“事件日志”中也将保存当天全部的快捷操作记录。

三、当日成交

1. “成交明细”选项

该选项可以列出全部的成交记录。一个委托可能分多次成交，这些成交将分别列出，如图 9－15 所示。

◉ 成交明细 ○ 按委托汇总 ○ 按合约汇总 刷新

成交时间	合约	买卖	开平	成交价格	手数	投保	委托号
14:29:59	cu1004	买	开	61200.00	1	投	55
11:33:25	al1004	卖	平今	17540.00	1	投	48
11:28:02	al1004	卖	平今	17570.00	1	投	47
11:19:29	cu1004	买	开	61570.00	1	投	42
11:18:45	al1004	买	开	17595.00	1	投	37
11:18:09	al1004	买	开	17595.00	1	投	36
11:12:23	cu1004	买	开	61440.00	1	投	34

图 9－15 成交明细

2. “按委托汇总”选项

该选项将所有的成交记录依照其所属的委托号汇总后列出。

3. “按合约汇总”选项

该选项将所有的成交记录依照合约、买卖、开平汇总后列出。

4. 【刷新】按钮

点击该按钮可以刷新当日委托列表、当日成交列表和持仓列表。

四、持仓

图 9-16 为期货的持仓界面。

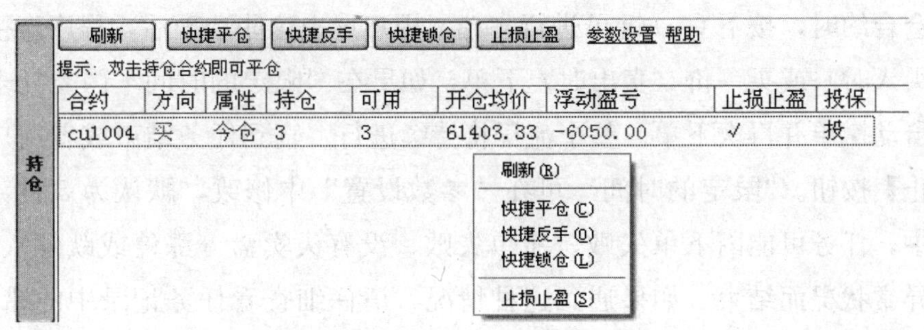

图 9-16　期货的持仓界面

1. “属性”列

如果合约为上海期货交易所合约，此列将显示“昨仓”或“今仓”；否则，此列显示“—”；

2. “可用”列

该列显示可平仓数量。可平仓数量为持仓数量减去冻结数量，冻结数量为所有已申报、未成交的平仓数量之和。

3. “开仓均价”列

对于今仓，开仓均价为开仓价的加权平均；对于昨仓，开仓均价可能为开仓价的加权平均，也可能为上一交易日的结算价。对此，各期货公司的设定不同。开仓均价不含手续费。

4. “浮动盈亏”列

该列是根据开仓均价和最新价（而不是结算价）实时计算出的盈亏数值。如果此数值与“查询资金状况”中的浮动盈亏不符，则可能是由于“查询资金状况”使用了结算价计算浮动盈亏，两处数值仅计算方式不同，对客户权益无影响。

5. “止损止盈”列

如果已设置了止损止盈，此处将显示“√”。用鼠标左键点击此列，可调出设置止损止盈的对话框。

6. “刷新”选项

使用该选项可以刷新当日委托列表、当日成交列表和持仓列表。

7. “快捷平仓”“快捷反手”“快捷锁仓”选项

使用这三个选项可以对选中的持仓合约进行快捷平仓、快捷反手（平仓后以相同数量反向开仓）、快捷锁仓（以相同数量反向开仓）操作，数量为“可用”数量。选择持仓合约时，按下 Ctrl 键可进行多选。用户选中这些选项后，程序直接使用卖一价（买入时）或买一价（卖出时）下单，如果在“限定的时间”内委托未全部成交，则自动撤单并再次下单。整个流程将持续进行，直到任务结束或者用户手动点击【中止】按钮。“限定的时间”可在“参数设置”中修改，默认为 5 秒。在执行的过程中，任务可能因下单失败、撤单失败、没有买卖盘（涨停或跌停）、交易所收市等异常状况而结束。如果遇到这种情况，请仔细查看任务记录中的错误提示。另外，“事件日志”中也将保存当天全部的快捷操作记录。

8. “止损止盈”选项

使用该选项可以设置所选持仓合约的“止损止盈”，见图 9－17。止损止盈的意思是，当合约达到或超过设定的止损价或止盈价后自动平仓。在“参数设置”中可修改“连续多少笔成交达到或超过指定价位触发止损止盈”，默认为 2 笔。对于上海期货交易所合约，今仓和昨仓共用同一止损止盈设置，止损或止盈触发时先平今仓再平昨仓。

浮动止损又称追踪止损、跟随止损，它允许用户对持仓合约设定一个根据市场价格变动而变动的止损单，主要用来锁定利润。浮动止损只在市场向着用户判断的方向运行时才有效，其参考价格是设定“止损止盈”时的合约价格。以做空为例，用户卖出 IF0803，成交价格为 12 000。然后，在 12 100 设置止损，并选择“浮动止损”为 10。那么，一旦市场朝着用户判断的方向运行，从 12 000 下跌到 11 990，止损价也将自动向下调整 10，从 12 100 变为 12 090。如果下跌幅度小于 10，则止损价不变。

图 9－18 为做多、做空时浮动止损的运行示意图。

止损止盈设置

为 cu1004（买入，投机）设置止损止盈价。如填 0 则表示不使用该功能。

止损价：　止盈价：　浮动止损：

数量：1　永久有效　添加

已有的止损止盈单（按住 Ctrl 键可进行多选）：

设置时间	数量	止损价	浮动止损	止盈价	有效
2010-01-20 14:24	1	59200	-	66200	永久

止损：1，止盈：1，持仓：3　修改　删除

说明：1. “止损止盈”由本软件在用户本机实现，如遇网络断线或软件被关闭则失效；开盘前请确认止损设置，以免跳空开盘导致损失。
2. “止损止盈”不保证能以指定价成交。
3. 在“参数设置”界面中可设置该合约的“自动止损止盈”。

使用此功能前，请先查看帮助　关闭

图 9-17　止损止盈设置

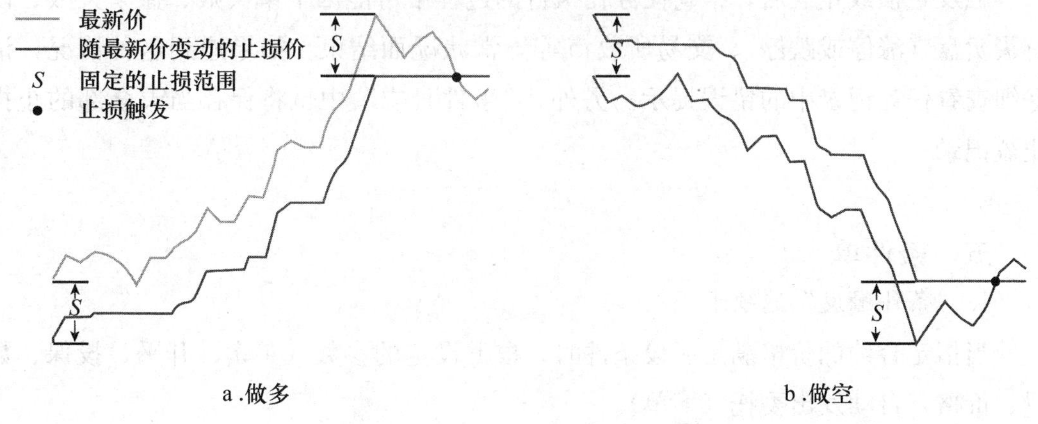

图 9-18　浮动止损

设置止损止盈单时，请填写止损价、止盈价、浮动止损、数量以及有效期，并点击【添加】按钮。若不想使用止损、止盈、浮动止损中的某项功能，可将其填为

0。不填写止损价而单独填写浮动止损时，浮动止损无效。有效期分（触发前）“永久有效”及“当日有效”。如果“当日有效”的止损止盈单未触发，在下个交易日用户登录交易系统时会被自动删除。

请注意，如果用户 24 小时一直在线（不重新登录），则不会删除。

用户可以同时设置多个止损止盈单，但全部止损止盈单所关联的数量之和不能大于持仓数量。如果出现止损止盈单关联数量之和大于持仓数量的情况，博易大师会自动进行调整。

调整的原则是：

（1）依止损价与最新价由近到远的次序，删除止损止盈单或减少止损止盈单所关联的数量。

（2）依止盈价与最新价由近到远的次序，删除止损止盈单或减少止损止盈单所关联的数量。

在默认情况下，当触发止损止盈时，博易大师以当时的买一价或卖一价下单，但用户也可以在“参数设置”中选择使用止损价、止盈价下单。博易大师同时提供“自动止损止盈”功能，用户无须每次手工设定止损止盈价。

请注意，“止损止盈”由博易大师在客户端实现，如遇网络断线或软件被关闭则失效（重新登录行情及交易服务器后，“止损止盈”可再次生效）。此时，“止损止盈”不保证能以指定价成交。因此，在每日开盘前请确认“止损”设置，如跳空开盘导致“止损”触发，可能造成损失。

触发止损或止盈后，平仓任务在执行的过程中可能因下单失败、撤单失败、没有买卖盘（涨停或跌停）、交易所收市等异常状况而结束。如果遇到这种情况，请仔细查看任务记录中的错误提示。另外，“事件日志”中也将保存当天全部的止损止盈记录。

五、条件单

1.“条件触发”选项卡

当指定合约的价格满足所设条件时，根据设定的参数（买卖、开平、投保、数量、价格）自动发出委托（下单）。

图 9－19 所示的内容表示：当 al1010 的最新价连续 2 次大于等于 61020 时，以当时的卖一价买入 1 手。如果下单后未全部成交，则撤单并以最新的卖一价重新下单。此条件单仅当日有效。

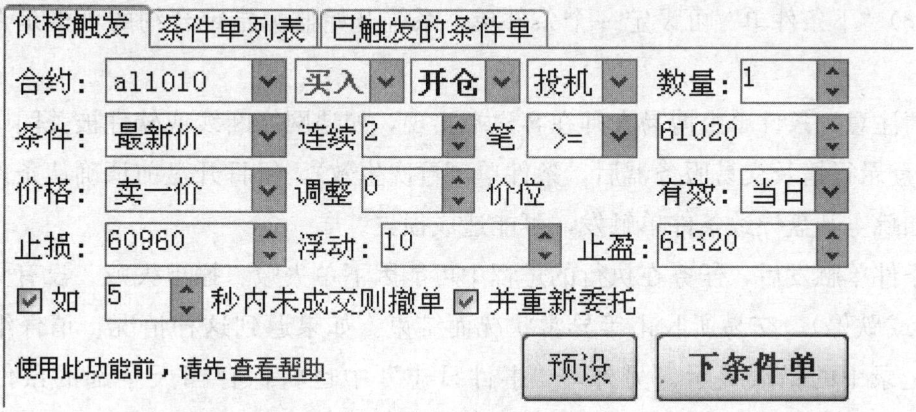

图 9-19 价格触发

(1)“合约”可指定当条件满足时下单的参数（买卖方向、开平、投保、数量）。

(2)“条件”可指定触发条件。当此条件满足时，委托才会自动发出。

(3)“价格”可指定当条件满足时的下单价格。价格可以是买一价（卖出时）、卖一价（买入时）、指定价。如果是指定价，用户需要手工输入下单价格。以指定价发出委托时不保证成交，因此无须设超时秒数。

(4)“调整”是当价格为买一价（卖出时）或卖一价（买入时）时可在此设定价格的调整幅度。买入时向上调整，卖出时向下调整，以确保委托快速成交。调整的单位为“价位”，即每个合约的最小变动价格，如 cu 为 10、IF 为 0.2。

(5)“有效”可指定条件单的有效期。有效期分（触发前）“永久有效”及“当日有效”。如果“当日有效”的条件单未触发，则在下个交易日用户登录交易系统时会被自动删除。

请注意，如果用户 24 小时一直在线（不重新登录），则不会删除。

(6)“止损”可指定条件单的止损价、浮动止损和止盈价，但只在条件单为开仓时才有效。如果不想指定某项，则将其留空或填 0 即可。在条件单为开仓且止损价、止盈价均未指定时，若已为该合约在买卖方向上设定了“自动止损止盈”，则自动止损止盈将生效。

(7)“预设”可以预先设定条件单的部分或全部参数，需要时可快速导入。预设时，先填好部分或全部参数，然后点击【预设】按钮并选择【保存】、【新建】按钮，然后输入预设条件单的名称。导入时，点击【预设】按钮并选择需要导入的预设条件单即可。

（8）“下条件单”可设定一个条件单，系统开始监测指定合约的价格是否满足条件。

请注意，条件单由博易大师在客户端实现，如遇网络断线或软件被关闭则失效（重新登录行情及交易服务器后，条件单可再次生效）。每日开盘前请确认条件单设置，如跳空开盘导致条件单触发，可能造成损失。

条件单触发后，任务在执行的过程中可能因下单失败、撤单失败、没有买卖盘（涨停或跌停）、交易所收市等异常状况而结束。如果遇到这种情况，请仔细查看任务记录中的错误提示。另外，“事件日志”中也将保存当天全部的条件下单记录。

2.“条件单列表”选项卡

未触发的条件单在此列出：

（1）“修改”按钮可修改所选的条件单。

（2）“删除”按钮可删除所选的条件单。

（3）“立即下单”按钮可立即触发所选的条件单，根据其设定的参数（买卖、开平、投保、数量、价格）发出委托，而不论其条件是否满足。

3.“已触发的条件单”选项卡

所有已触发的条件单在此列出，仅作备忘之用，无其他用途。

六、参数设置

在“交易参数设置”界面中可调整博易大师交易系统的一些设定。

1.“交易界面”选项卡

（1）是否使用浮动的交易界面，参见“设置交易窗口为浮动模式”。

（2）使用浮动的交易界面时，如果用户点击其他窗口，是否自动隐藏交易界面。

（3）使用浮动的交易界面时，是否启用“闪电手下单工具栏”。

（4）是否使用简洁的下单界面。若不选此项则使用复杂的下单界面，参见本章第二节的内容。

（5）是否支持键盘下单。

①若使用复杂下单界面，请参见本章第二节的内容。

②在使用简洁的下单界面时，键盘的操作习惯与现有的金仕达、恒生等软件的习惯相同。

③不使用键盘下单的用户请勿选中此选项，以免发生误操作。

(6) 在合约输入框中手工输入合约后，是否同步切换当前激活的报价、走势图或K线图的品种。如果启用了同步切换，且当前激活的走势图或K线图启用了“联动”，则其他启用了“联动”的走势图或K线图的品种也会被同步切换。

(7) 双击委托列表中未全部成交的委托时，是否不提示而直接撤单。

(8) 双击已成交的开仓委托后，是否进入平仓状态。平仓数量为开仓数量。

(9) 双击持仓列表中的持仓合约时，是否使用快捷平仓。

①选中此选项时，双击持仓合约与点击“快捷平仓”按钮的效果相同。

②不选中此项时，双击持仓合约后鼠标自动定位至“平仓”或“平今”按钮，用户使用鼠标左键既可下单，也可修改下单数量及价格后下单。

(10) 发出委托后，是否将下单价格恢复为“当前价”。

(11) 发出委托后，是否自动切换至“当日委托”界面，以便查看委托单状态。

(12) 发出“平仓”“平今”委托后，是否自动切换回“开仓”状态。此选项只对“简洁下单界面”有效。

①选中此选项时，用户手动发出“平仓”或“平今”委托后，下单界面将恢复为“开仓”状态，数量恢复为该合约的默认手数，方便下一次的“开仓”动作。

②不选中此项时，手动发出“平仓”或“平今”委托后，下单界面将保持“平仓”或“平今”状态不变，数量也保持不变。

③博易大师建议用户用双击持仓合约来平仓，用户无须手工选择“平仓”或“平今”，因此推荐选中此选项。

(13) 以“当前价”发出委托时，是否调整下单价格。

①选中此选项并设置合适的调整价位后，当用户以“当前价”下单时，委托价格将在卖一价（买入时）或买一价（卖出时）的基础上调整指定的价位。买入时向上调整，卖出时向下调整，以确保委托快速成交；

②注意，调整的单位为“价位”，即每个合约的最小变动价格，如cu为10、IF为0.2。此价位调整只在用户以“当前价”手动下单时有效。

(14) 委托成交后，是否播放提示音。指定的声音文件（*.wav）必须存在。

2.“快捷操作、止损止盈”选项卡

图9-20为“快捷操作、止损止盈”界面。

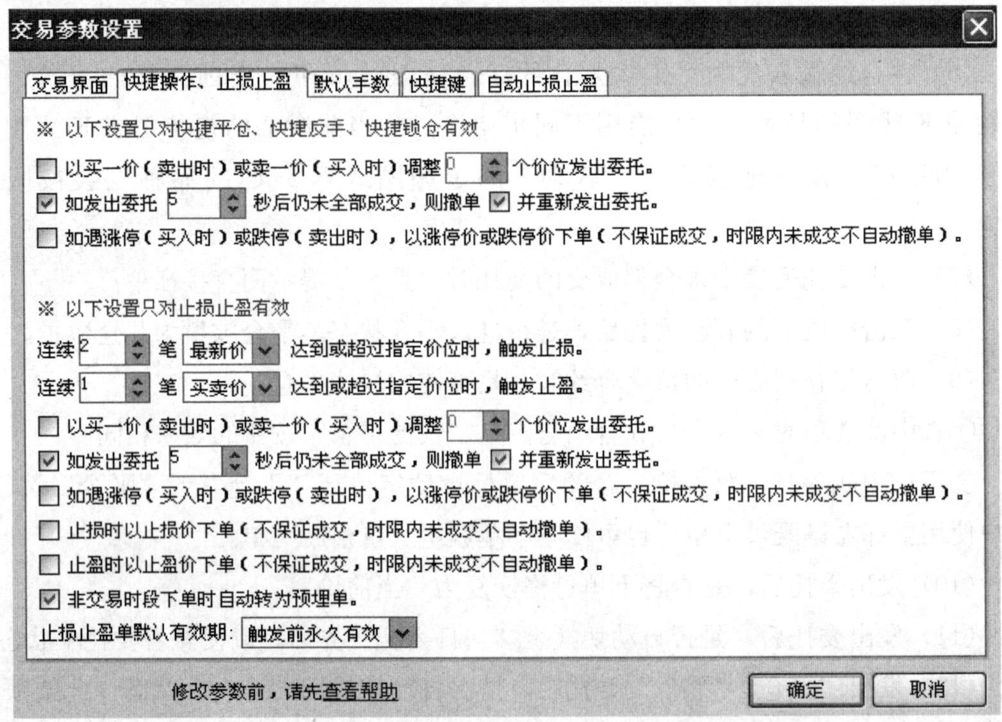

图 9-20 “快捷操作、止损止盈”界面

(1) 价位调整。执行“快捷平仓”、“快捷反手”和“快捷锁仓”任务时，下单价格将在卖一价（买入时）或买一价（卖出时）的基础上调整指定的价位。买入时向上调整，卖出时向下调整，以确保委托快速成交。

请注意，调整的单位为“价位”，即每个合约的最小变动价格，如 cu 为 10、IF 为 0.2。

(2) 委托的超时设置。执行“快捷平仓”、“快捷反手”和“快捷锁仓”任务时，若委托在指定时间内未能全部成交，则撤单并以最新的买卖价重新发出委托，以确保任务及时完成。

(3) 涨停或跌停的处理方式。执行“快捷平仓”、“快捷反手”和“快捷锁仓”任务时，如果卖一价（买入时）或买一价（卖出时）为 0，则可能为涨停或跌停状态，以涨停价或跌停价下单。

(4)“止损止盈”的触发方式。建议的止损触发方式为“连续 2 笔最新价”，建议的止盈触发方式为“连续 1 笔买卖价”。当触发项为“买卖价”时，如果持仓方向为“买入”，则监控买一价；如果持仓方向为“卖出”，则监控卖一价。触发次数大于 1 时，可防止“止损止盈”被偶尔的、不可连续的价格触发。

(5) 价位调整。执行“止损止盈”任务时，下单价格将在卖一价（买入时）或买一价（卖出时）的基础上调整到指定的价位，买入时向上调整，卖出时向下调整，以确保委托快速成交。

注意，调整的单位为“价位”，即每个合约的最小变动价格，如 cu 为 10、IF 为 0.2。

(6) 委托的超时设置。执行“止损止盈”任务时，如果委托在指定时间内未能全部成交，则撤单并以最新的买卖价重新发出委托，以确保任务及时完成。

(7) 涨停或跌停的处理方式。执行“止损止盈”任务时，如果卖一价（买入时）或买一价（卖出时）为 0，则可能为涨停或跌停状态，以涨停价或跌停价下单。

(8) 止损时的平仓价格。以止损价发出委托，而不是以当时的买一价或卖一价发出委托，不保证成交。不推荐勾选此项。

(9) 止盈的平仓价格。以止盈价发出委托，而不是以当时的买一价或卖一价发出委托，不保证成交。

(10) 止损止盈单的默认有效期。启用自动止损止盈功能后，此选项用以控制自动生成的止损止盈单的有效期。有效期分（触发前）“永久有效”及“当日有效”。若“当日有效”的止损止盈单未能触发，在下一个交易日用户登录交易系统时会被自动删除。注意，如果用户 24 小时一直在线（不重新登录），则不会删除。

3. “默认手数”选项卡

默认手数是指每个合约默认的下单数量。当用户在下单界面中填入合约时，数量会被自动设置为该合约的默认手数。

要修改默认手数，应先选中列表中的合约，然后在“默认手数”输入框输入数值并点击【修改】按钮，点击【全部复位】按钮可将所有合约的默认手数恢复为 1。

4. “快捷键”选项卡

此功能可帮助使用键盘下单的用户更快地输入合约代码。例如，若将“快捷键”设置为“0”、“代表”设置为“cu10”，并点击【添加】按钮，则用户在下单界面或条件单下单界面的合约框中输入“0”时，“cu10”将被自动填入，也就是敲击“004”就可输入“cu1004”。

5. “自动止损止盈”选项卡

图 9-21 为“自动止损止盈”界面。

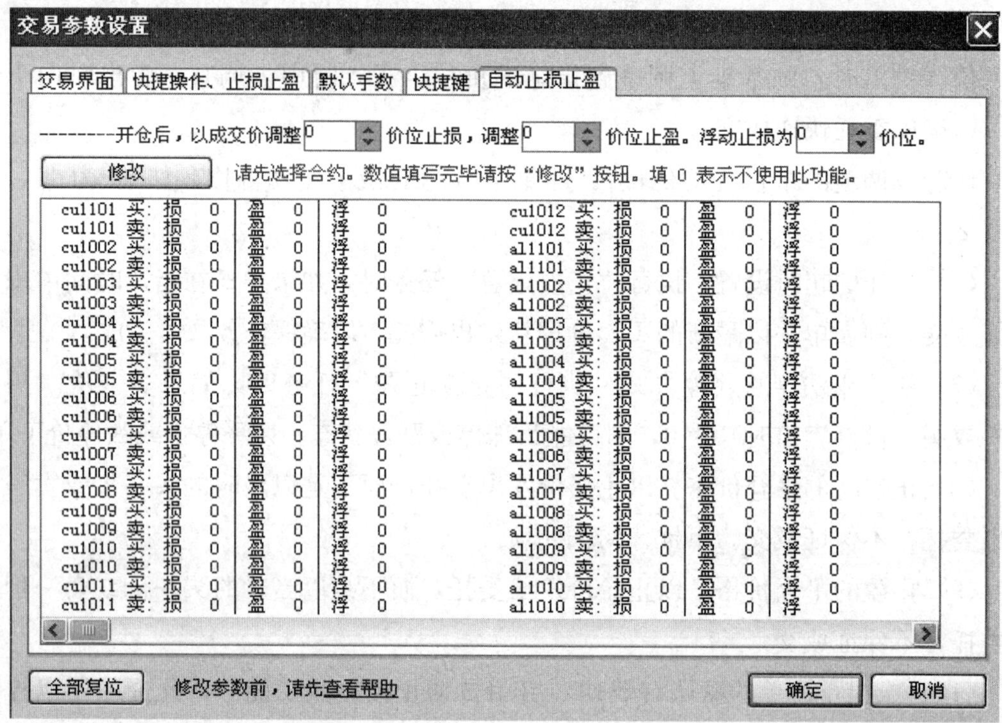

图 9-21 “自动止损止盈”界面

为某个合约设置自动止损止盈后，每当该合约开仓成交，对应的止损止盈将被自动设置。例如，假设 P 为买开仓成交价，M 为合约的最小变动价位，S 为自动止损参数，则止损价将被设置为“$P-M\times S$”。

修改自动止损止盈设置时，先选中要修改的合约，然后输入“止损”、“止盈”和“浮动止损”参数并点击【修改】按钮即可。如果不想使用其中的某项功能，可将其填为 0。点击【全部复位】按钮可清除所有合约的自动止损止盈。

注意，此处参数的单位为“价位”，即每个合约的最小变动价格，如 cu 为 10、IF 为 0.2。

七、事件日志

事件日志分为“全部日志”、“快捷操作日志”、“止损止盈日志”和“条件单日志”，保存了当日所有种类任务的执行记录，包括任务开始的时间、执行过程以及结果，供用户查询。

请注意，事件日志只保存当日的记录。

第四节　期货综合实验

一、实验目的

了解期货投资的基本知识，通过学习，学生能够对期货的基本内容有所了解。

二、实验要求

(1) 了解期货的基本概念。

(2) 熟悉期货的交易流程。

(3) 熟悉各种期货的基本交易策略。

(4) 深刻领悟期货保证金制度及风险管理机制。

三、实验内容与步骤

(一) 期货交易的主要特征

1. 以小博大 (保证金制度)

期货交易只需交纳比率很低的履约保证金，通常占交易额的5%～10%，使交易者可以用少量资金进行大宗买卖，从而节省大量的流动资金。

2. 获利机会多 (双向交易)

无论市场行情看涨还是看跌，均可入市和获得盈利机会。价格看涨时，先低买再高卖的过程称为“多头”；价格看跌时，先高卖再低买的过程称为“空头”。

3. 交易便利 (标准化合约)

期货市场中买卖的是标准化的合约，只有价格是可变因素，而交货时间、地点、方式、数量、质量都是固定的，用户无须面临找上家、找下家的问题。

4. 不担心履约问题 (结算制度)

所有期货交易都通过期货交易所进行结算，且期货交易所成为任何一个买者或卖者的交易对方，为每笔交易做担保。

（二）期货交易的主要功能

1. 转移、回避价格风险

这种功能主要是针对生产厂商、加工厂商和贸易厂商而言的，也就是对套期保值者来讲的。随着商品交换的复杂化、社会化，市场经济的运行越来越充满不确定性。某种商品的价格因为受到以供求为代表的多种因素的影响而非常容易发生波动，而价格的波动对商品供给者或商品需求者都有很大的影响，因此人们总是想方设法转移、回避和分散价格风险，这正是期货交易发展起来的主要原因。转移、回避和分散价格风险是期货市场的一种主要功能，但它并不是说期货交易本身无价格风险，而是指一种预防措施，它通过在期货市场与现货市场做方向相反而数量相同的交易，即在期货市场上买进或卖出在现货市场上卖出或买进的相同数量的商品。这样一来，如果现货市场上由于价格波动给交易者造成损失，可以用期货市场上的交易盈余抵补。

2. 价格发现功能

在期货市场上，聚集着众多的商品生产者、销售者、使用者和投机者，他们对商品的未来价格抱着不同的预期，从而形成一个“权威价格”。由于这种价格不是个别交易的结果，而是一个集约化程度较高的市场上形成的价格，因而比较真实地反映了社会供求状况，克服了分散交易形成价格的时空局限性和信息的不完全性。通常说来，现货价格与期货价格之间总是存在一个差额，这个差额被称为基差。当交割期临近时，价格又反过来影响供求，价格在涨、跌的摆动中趋于稳定，这种价格又随时通过新闻媒介和信息网络向全世界传播，成为进行国际贸易的重要价格依据。

3. 套期保值

利用现货价格与期货价格趋于同向运动的规律，遵循“均衡而相对”的原则，在期货市场买进（卖出）与现货市场数量相当但交易方向相反的期货合约，通过这种盈亏相互补偿的机制可以全部或部分避免因价格波动所带来的经济风险。套期保值的应用范围十分广泛，任何一种实物商品交易只要能在期货市场找到相关商品，都可以采用套期保值策略，为这种实物商品进行保值。

（三）客户开户的流程图

图 9-22 为客户开户的流程图。

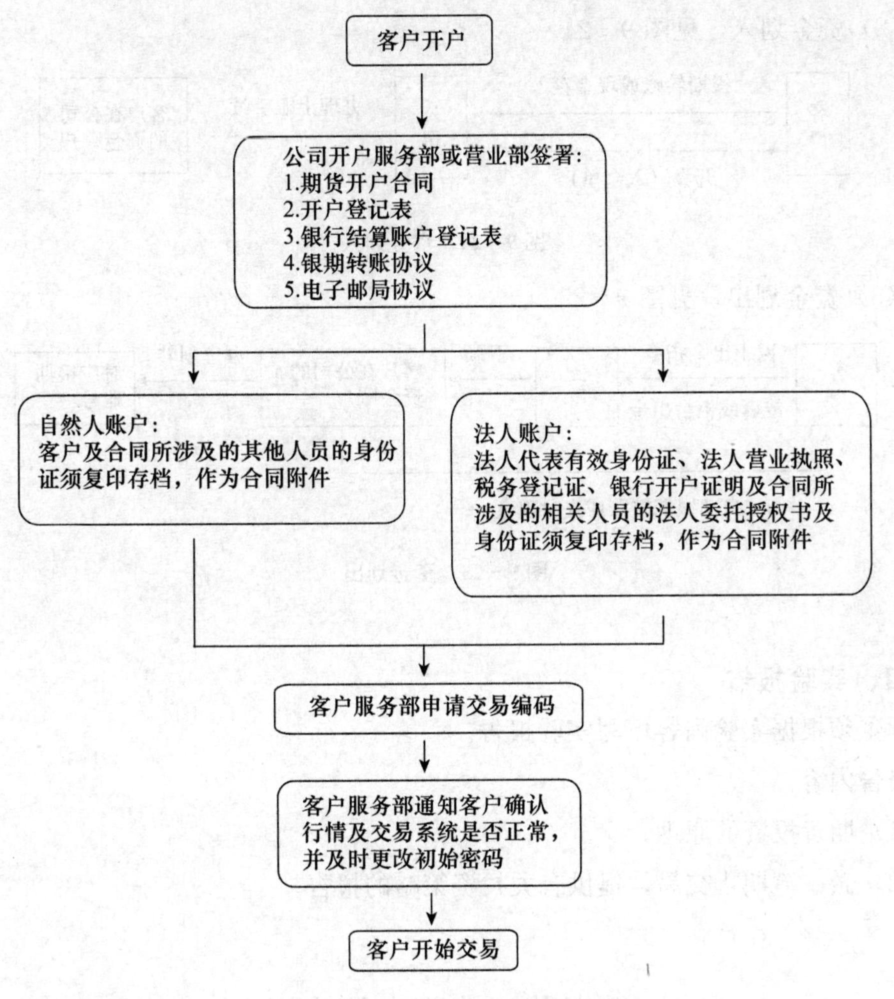

图 9-22　客户开户的流程图

(四) 期货经纪有限公司客户交易及出入资金流程

(1) 交易流程，见图 9-23。

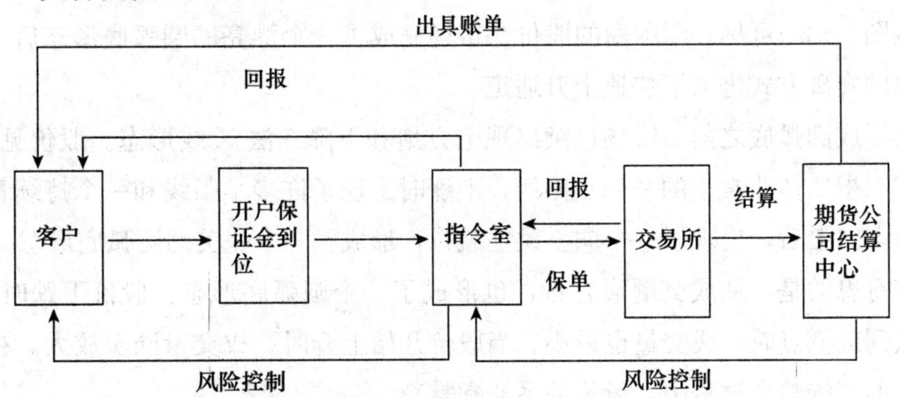

图 9-23　交易流程

（2）资金划入，见图 9－24。

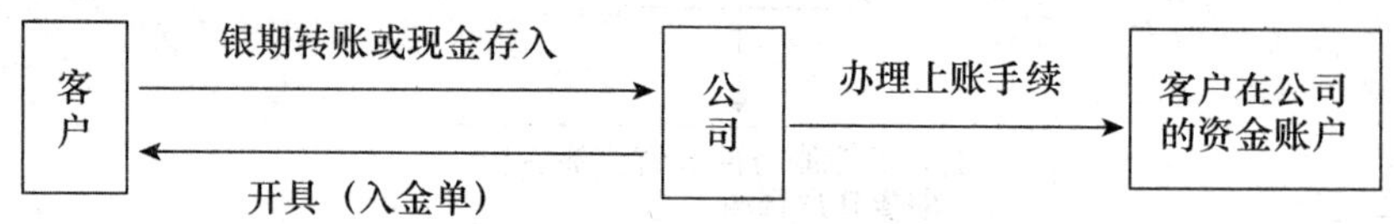

图 9－24　资金划入

（3）资金划出，见图 9－25。

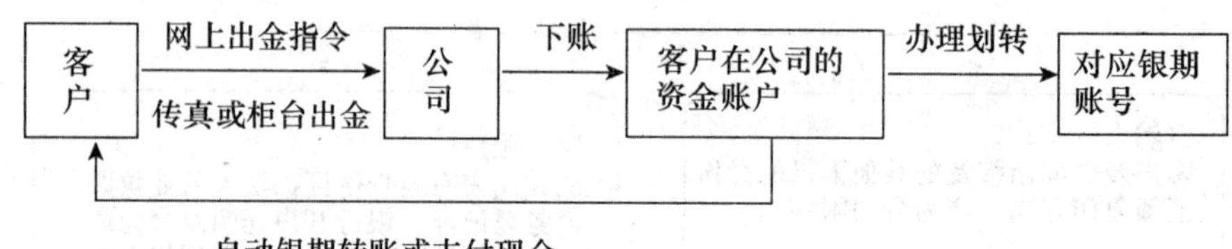

图 9－25　资金划出

四、实验报告

学生须根据实验内容填写实验报告。

报告内容：

（1）期货投资的原理。

（2）做一笔期货交易，提供有关投资策略的报告。

第五节　典型案例分析

深国商（000056）的投资机会分析

从图 9－26 可见，深国商的股价在市场完成了一个漂亮的圆弧底形态后，以向上跳空的突破方式进入了快速上升通道。

在形成圆弧底之前，市场连续出现空方炮和下降三法 K 线形态。股价见底时，出现了三根实体非常小的并列小阳线，上涨时出现了许多小阳线和一个持续看涨的铺垫形态。最后，出现了一个向上跳空缺口，形成了一个完美的圆弧底形态。

有意思的是，从成交量形态看，也形成了一个圆弧底形态：股价下跌时缩量，股价跌到最低点时，成交量也最小。当股价开始上升时，成交量同步放大。在形成圆弧底形态的整个过程中，量价关系非常默契。

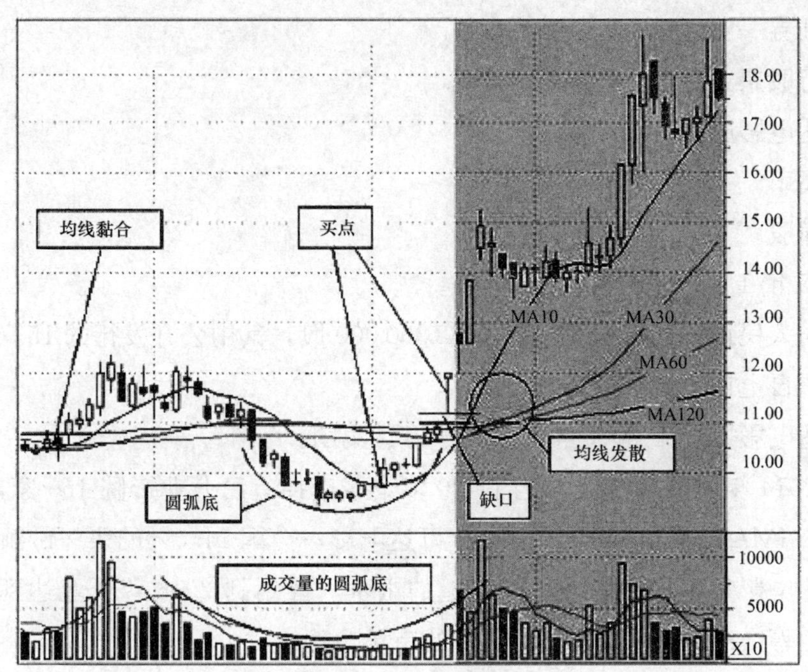

图9－26 深国商的投资机会分析

说明：该案例选自网络。

从均线看，在出现圆弧底前，市场出现了短、中、长期三种均线的黏合，表明市场前期经过了长期的充分横盘整理。在主力“挖坑”做空头陷阱时，10日均线与K线的圆弧底一样，也形成了一个圆弧底形态，只是时间上稍微滞后。当圆弧底形态完成时，10日均线上穿中期及长期均线，形成了一个均线发散的多头行情，而后市场进入到上升趋势中。

在实战中，当该股出现圆弧底形态时，买点主要有两个：一是股价站上10日均线的时候；二是股价跳空突破各条均线并形成跳空缺口的时候。

证券投资学小组展示

——以万达院线股份有限公司股票（002739）为例分析其未来走向

万达电影（002739）

简介：中文名称为“万达电影股份有限公司”

注册资本：117 429万元

注册地址：北京市朝阳区建国路93号万达广场B座11层

成立日期：2005-01-20

主营业务：境内影院业务、境外影院业务、广告代理、影片投资业务发行证券一览：

- 发行股票：002739（万达电影）。
- 万达电影股份有限公司。
- 人民币。
- 普通股。
- 2015年1月22日在深交所上市。
- 公司人民币普通股股份总数为62 800 000股，其中公开发行的15 700 000股。
- 股票自上市之日开始上市交易。
- 万达电影成立于2005年，隶属于万达集团。

截至2014年6月30日，在全国80多个城市拥有已开业影院150家，1 315块银幕，其中IMAX银幕94块。2014年万达电影占全国14.5%的票房份额。从2014年起，万达电影每年将增加400块以上的银幕，计划到2016年开业达到260家影城，拥有银幕2 300块，稳居中国第一的市场份额。

2015年1月22日，万达电影正式登陆A股市场，成为中国电影第一股。随着万达电影业务的不断发展壮大，万达电影打造电影终端连锁服务品牌的核心目标已经日益明确，“一切以观众的观影价值和观影体验为核心”是万达院线连锁经营服务的核心理念，“连锁经营能力、创新营销能力、服务品牌能力”是彰显万达电影核心竞争力的三大基本要素。万达电影经过10年的发展探索，已经摸索出与商业地产良性互动的最佳模式。万达影城是现代商业地产中不可或缺的文化娱乐组成部分。高品质的影城将为商业广场贡献独一无二的娱乐价值，如稳定的文化消费型客流、浓郁的文化消费氛围、新鲜有趣的创意活动等，从而丰富商业广场中物质消费以外的精神娱乐产品消费。万达影城与商业广场实现了良性生态互动，实现了经济效益与社会影响的最大化。正是这种创新的经营发展模式，才为万达电影的长足发展打下了坚实的基础。

万达电影的业务范围：

- 票房收入。
- 贴片广告。
- 影片投资和宣传推广。
- 会员+衍生品模式 。
- 结合电竞VR。

万达电影2016年的股票情况，见图9-27。

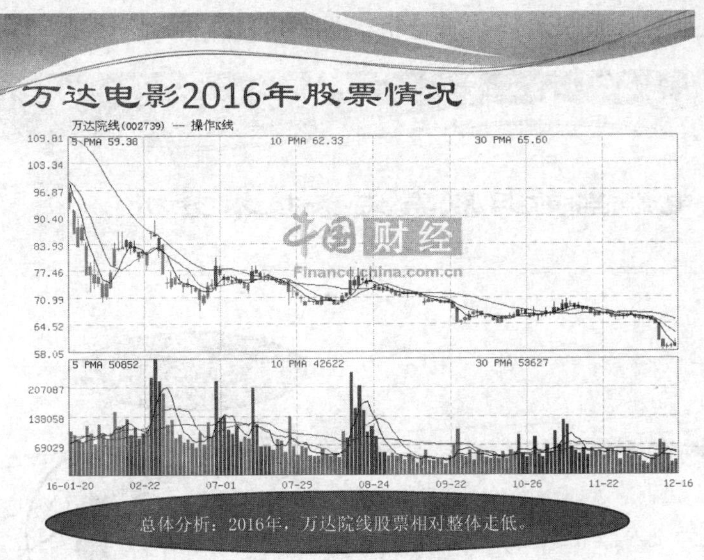

图 9-27

原因分析：

- 人口红利消失，银幕数量增长放缓，票房失去原动力。
- 票房收入增长尚不及国内总票房增长数。
- 以外汇收购国外企业，受汇率影响大。
- 影片质量未能得到提高，影片数量减少。

万达院线 2016 年 9—11 月股票走势的技术分析（K 线分析），见图 9-28。

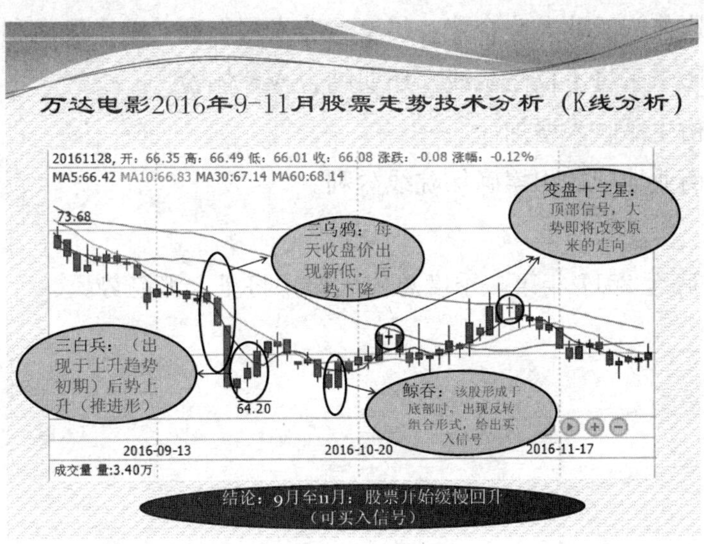

图 9-28

万达电影当前月股票走势技术分析，见图 9 - 29。

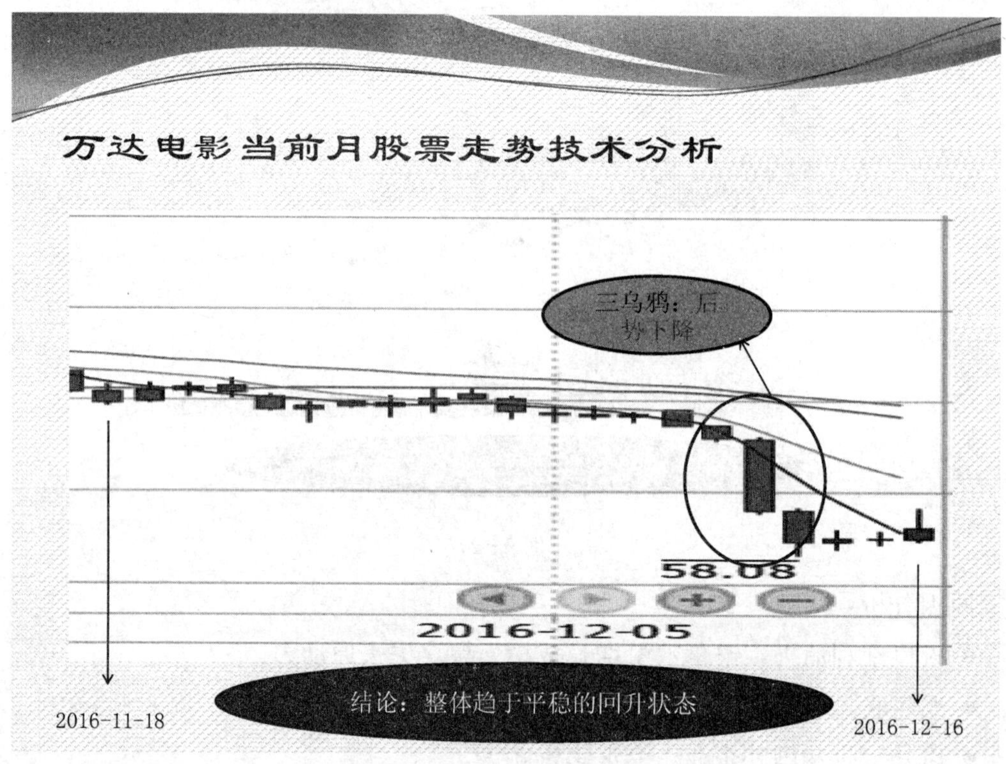

图 9 - 29

万达电影股票未来走势宏观分析：

- 万达电影作为行业龙头企业，尽享行业发展红利，单季度净利润逐年增高。
- 万达电影未来将不仅是院线，还要结合 VR 体验。
- 万达的衍生品收入增加。
- 万达在商业地产的积累确保院线盈利。

结论 ：

2016 年年底至 2017 年第一季度总体大概率将呈上涨趋势。

参考文献

1. www. baidu. com 的网络内容
2. 大智慧、华泰证券等交易软件

图书在版编目（CIP）数据

证券投资实验教程/赵鹏程主编. —2 版. —北京：中国人民大学出版社，2018.1
“十三五”普通高等教育应用型规划教材·金融系列
ISBN 978-7-300-25344-2

Ⅰ.①证… Ⅱ.①赵… Ⅲ.①证券投资-高等学校-教材 Ⅳ.①F830.91

中国版本图书馆 CIP 数据核字（2018）第 001715 号

“十三五”普通高等教育应用型规划教材·金融系列
证券投资实验教程（第二版）
赵鹏程 主编
Zhengquan Touzi Shiyan Jiaocheng

出版发行	中国人民大学出版社		
社　　址	北京中关村大街 31 号	**邮政编码**	100080
电　　话	010-62511242（总编室）		010-62511770（质管部）
	010-82501766（邮购部）		010-62514148（门市部）
	010-62515195（发行公司）		010-62515275（盗版举报）
网　　址	http://www.crup.com.cn		
	http://www.ttrnet.com（人大教研网）		
经　　销	新华书店		
印　　刷	北京溢漾印刷有限公司	**版　　次**	2014 年 10 月第 1 版
规　　格	185 mm×260 mm　16 开本		2018 年 1 月第 2 版
印　　张	13.25	**印　　次**	2018 年 1 月第 1 次印刷
字　　数	225 000	**定　　价**	32.00 元
